高校生からのゲーム理論

松井彰彦 Matsui Akihiko

★──ちくまプリマー新書
136

眞礼《みれい》へ

目次＊Contents

第五章　未来編

本文イラスト　川口澄子

序　章　恋は駆け引き

数年前、久方ぶりに本郷のキャンパスに戻ってきたぼくは、気持ちだけはすっかりあのころに戻っていた。学生とサッカーをし、飲みに行き、恋愛の話をし、失恋の話をした。ただし、今回は、もっぱら聞き手として。


男子学生が関西弁丸出しのイントネーションで言う。

「今、つきあっている娘《こ》がいるんですよ」

ぼくは訊《き》く。

「ふうん。いつから？」

「つきあいはじめたのは、一年くらい前なんですけど」

「けど？」

「高校のときの同級生なんです」

「あらそう、焼けぼっくいに火がついたって感じかしら」

「ああ、まあ」

「東京にいるの？」

「いいえ〜、地元にいるんですよ」

「あ、じゃあ遠距離恋愛？（遠距離恋愛は長続きさせるの難しいよ）」

するとぼくの心を読んだように言う。

「そうなんですよ。それもあって向こうはぼくに早く一人前になってもらいたいみたいで、それとなくプレッシャーが来るんですけど、ぼく、大学院に進みたいから」

「ま、結婚してから大学院で養ってもらうのもあり得るけどね。世間の目さえ気にしなければ、研究に集中できて楽だよ」

「先生じゃあるまいし！」


年上のサラリーマンとつきあっているらしい女子学生が言う。

「最近、忙しいらしくてなかなか会えないんですよ」

「どのくらい？」

「土日も忙しいらしくって、もう二、三か月かな。『お仕事、大変そうだけどがんばってね』ってメール打つと、『サンキュ♪』って返事はくれるんですけどね」

（それってもう終わってるよ）

「あっ、今鼻で嗤《わら》いませんでした？」

「（えっ⁉）ううん。仕事、何やってるの？」

だらだらと終わった恋の話が続く。


あちらでは失恋したばかりの娘をくどいている奴《やつ》がいる。世話の焼きすぎで逃げられてしまったのもいる。孫子曰《いわ》く、敵を知らず、己《おのれ》を知らざれば戦うごとに危うし、である。

恋愛は難しい。ゲーム理論を勉強したくらいで恋愛上手になれるのなら、クリスマスに学生が大勢でぼくの家へ押しかけることもあるまい（みんな、来てくれてありがとう。でも、来られる人、もっと少ないと思ったよ）。ぼくだってそんな魔法の学問があるなら知りたいくらいだ。でも、恋愛がなぜ難しいか、ときには学問よりもずっと難しいか、そういう話なら少しはできるかもしれない。

女心と秋の空

というわけで、恋愛と学問を比べてみよう。どちらも難しいことに変わりはない。たとえば気象学を例にとってみる。この学問、科学技術や観測地点が昔に比べて飛躍的に改善されたのにもかかわらず、肝心の予報となるとあまり精度が向上していない。長期予報となると、もう絶望的。正に「来年の話をすると鬼が嗤《わら》う」くらい予報は難しいのである。

それでも学問は「進む」。少しずつだが、気象現象を読む精度は上がっていく。たとえば、「95年の三日先の気圧配置の数値予報の精度は、88年以前の二日先の精度と同じ程度」らしい。「天気予報がよく当たるようになってきたのは、いろいろな分野での努力が積み重ねられてきた結果である。まず大気中で起こるさまざまな現象を扱う気象学の進歩が大きい。気象衛星やレーダー、アメダスなどの観測データも充実した。しかし、何といっても〔中略〕数値予報の進歩が寄与した部分が大きい」とのこと（アエラムック『気象学のみかた。』）。いつも当たらないと思っている天気予報だが、着実に進歩しているのだ。

恋愛はどうか。天気を読むのと同様、恋愛では相手の気持ちを読むことがともかく大切である。相手が自分のことをどう思っているか。自分のことをきちんと理解したうえでデートに誘ってくれるのか、恋に憧《あこが》れているだけなのか、単なる遊びか。相手のことを好きになればなるほど、いてもたってもいられなくなる。では、ぼくたちは昔に比べて相手を読む精度が上がったのであろうか。あるいは、恋愛上手になったのであろうか。

相手を読む？　恋愛は出会いがしらよ、と言われる方もいるだろう。フェロモンの働きと「恋愛遺伝子」の配列で決まるのさ、と主張される方もいるかもしれない。山元大輔《やまもとだいすけ》『恋愛遺伝子』によると、DNA解析が進むにつれて、カップルとDNAとの関係も少しずつ明らかになっているという。もちろん出会いがしらや相性の大切さは否定しない。しかし、多くの人が（小学校時代の初恋はご愛嬌《あいきょう》としても）高校時代や大学時代の恋を成就できない現実を思うとき、学習の大切さにも目が向かざるを得ない。

民俗学の研究でも、恋愛結婚が幅広く行われ、それが単なる出会いがしら以上のものであったことは、かなり以前から認識されている。柳田國男《やなぎたくにお》はつぎのように語っている。

恋がトリスタンとイゾルデのように必ず生まれぬ前から指定せられているものならば、これは問題とするに足らなかったであろうが、もしも各自の心をもって右し左すべきものなりとすれば、かねて法則をもって学んでおくことは安全であった。

それも情味のないただの理論ならばあるいは応用に失敗したかもしれぬけれども、これは実例を言葉に引き当て、または言語でも描かれない表情法をもって一々実地に解説する久しい経験の集積であった。

——柳田國男『明治大正史　世相篇《へん》』第八章「恋愛技術の消長」

「恋愛教育の旧機関」と題されたこの節では、柳田國男は若者組とか処女会といった村の男女の集まりが、恋愛技術を磨く上で重要な役割を果たしたと述べている。そこでは、「姿恰《かっ》好《こう》応対振り、気転程合い思いやり」と、言ってみれば男も女も総合力で勝負していたという。恋愛における読み合いが古くから実践されていたことは、考えてみれば何の不思議もないのである。

ところで、天気予報と恋愛の読み合いには大きな違いがある。天気は自分が「相手」のことを一方的に読もうとしているのに対し、恋愛では、自分が相手のことを読もうとしている正にその瞬間に相手も自分のことを読もうとしているからである。相手が自分のことを読もうとしているのであれば、そこも含めて読めばいいじゃないか、と言われるかもしれない。しかし、相手もそういう自分——つまり自分のことを読もうとしている相手のことを読もうとしている自分——を読もうとしているかもしれない。ここまでくると賢明な読者の方はお

天気を読む
おっ、明日は雨だな
一方通行

女心を読む
しーーーん
オレ、何か余計なこと言ったかなー
何か言ってよね
この人、わたしのこと、どう思ってんのかしら
双方向にすれちがい

わかりであろう。そう、お互いに相手を読もうとする行為がぐるぐると終わりのないサイクルを描き始めてしまう。こうなると、きりがないのである。

かと言って、相手の気持ちを読まなければ、DNAの相性がいくらよくても恋は成就しない。世話の焼きすぎで逃げられるケースなどは、自分しか目に入っていない典型であろう。相手にプラスになることならば悪く思われるはずがない。尽くすほうはそう思って尽くすのかもしれないが、尽くされるほうはカゴの鳥のような気分になってしまうこともある。囲碁でいう「勝手読み」というやつである。自分勝手に読めばそのつけは必ず回ってくる。囲碁なら自分が負けるだけですむが、恋愛の場合は相手も傷つける。

相手のことを読めなければ「忙しい」の一言も字義通りにとってしまう。忙しい、という一言をあえて文章化すれば、「君に会うよりも優先順位の高い事柄がある」ということになる。時間は作るものである。本当に君のことが大切ならば時間は作れる。南極隊員じゃあるまいし、二、三か月も好きな人に「忙しくて会えない」などということがあるものか。まあ、もっとも恋愛は千変万化、決めつけるのは止《や》めておこう。

さて、岡目《おかめ》八目《はちもく》という諺《ことわざ》があるが、これも囲碁から生まれたものだ。この八目というのは八手先のことらしい。読み合い勝負の囲碁で相手より八手も先まで読めるとしたら、勝負は目に見えている。岡目とは、傍目《はため》、すなわち傍観者として戦況を見る、ということである。傍観者は八手先まで余分に見渡せるくらいいろいろなものに気づく、というのがこの諺が言おうとしていることである。

囲碁と男女の仲ほどこの諺がぴったりくるものはない。傍目から見れば終わってしまった恋も当の本人はまだ続いていると思っている。いや、思いたがる心が自分をだます。周りも「それって終わってるよ」とはなかなか言い出せない。たまに野暮な親切心を出して忠告でもしようものなら、逆に友人としての誠意を疑われる。頭では理解しつつも感情では拒否するのが人情というものだ。

岡の上から戦況を眺めるように、離れて人間関係を読むことは大切である。難しいのは、恋愛の場合、離れて読もうと客観視すれば当事者意識が薄れ、気がつけば「負け犬」なんてことになりかねない点である。恋愛や結婚には熱い想《おも》いと勢いも大切だからだ。

当事者なのに離れて見る。でも心は熱いまま。幽体離脱じゃあるまいし、と思われる方もおられるであろう。しかし、この幽体離脱のような離れ技こそ、恋愛だけでなく、ぼくたちが学ぼうとしている社会科学にも必要なものなのである。その昔、「熱き心と冷静な頭脳」と言ったのはマーシャルという高名な経済学者であるが、傍観者でいようと思えば熱が冷め、

自分を読む

きげんなおせよー
なんかしらんけどー
やだ
コラ、オレ！
「好き」って

当時者である
自分が
現場から
離れて見る。
でも、心は
熱いまま。

社会の不正に憤ってわれを忘れれば本質を読み誤る。そう、社会科学には恋愛と同じ難しさがあるのである。だから恋愛を通じて学んだことは社会科学の研究にも役立つ。

逆も真なりである。ゲーム理論をマスターすれば、きっと恋も成就する（保証はしない）。無理が通れば道理が引っ込むチキン・ゲーム。お互いの最善手が最悪の結果をもたらす囚人のジレンマ。自分の退路を断つことで有利な結果をもたらす背水の陣、などなど。本書では、華麗なるゲーム理論の世界にあなたを誘《いざな》うお手伝いをさせていただくつもりである。

読む順番は自由だ。ゲーム理論を少し知っているという方は第一章をとばしてもらってかまわないし、全然知らないという方でも第一章1節を読んだ後は、他の章にとんでも大丈夫なように心がけた。第二章以降は、歴史に興味がある方は第二章から、経済への応用を見てみたいという方は第三章から、社会との関《かか》わりを知りたい方は第四章から、哲学的な議論に興味がある方は第五章からと、好みに合わせて好きな章節から読んでもらえればと思う。その際、ゲーム理論の第一原理——自分が当事者でありつつも、外から見る目を養うこと——を頭の片隅に置いておいてもらえるとうれしい。

第一章　戦略編

1　はじめの一歩

人はひとりでは生きられない。友人、同僚、恋人、取引相手、さまざまな人間関係の上に人は生きている。どのような関係であれ、人と人とが出会う場では相手を読む——相手の立場や気持ちを考えるということが大切であることは言うまでもない。

そのような人間関係を分析する学問がゲーム理論である。二〇世紀前半、数学者であったフォン・ノイマンは人間関係の分析を科学に仕立てあげようとした。しかし、恋愛のような複雑怪奇な人間関係の分析はおいそれとはできない。そこで始めたのが、じゃんけんのような勝ち負けがあるゲームの分析である。

表1-1はじゃんけんを戦略形と呼ばれるゲームの一形式で表現したものである。各欄の左側の数字がケンちゃんの得点、右側がエイコさんの得点である。この得点のことをゲーム理論では**利得**と言う。じゃんけんでは、どの欄をとっても両者の利得を足せばゼロになる。

表1-1　じゃんけんの戦略形表現

足して（サムして）ゼロになるから「**ゼロサム・ゲーム**」というわけだ。相手を倒せば自分が得するという状況は綱引きと同じでわかりやすい。わかりやすい状況の分析から始めよう、というのがかれの方針であった。

☆☆☆

しかし、ぼくたちが分析しようとする現実はじゃんけんよりはるかに複雑である。たとえば取引における交渉問題を考えてみよう。当事者たちは強引に行くべきか、妥協すべきかあれこれ悩む。ゼロサム・ゲームと異なり、相手を負かしさえすればよいというものでもない。綱引きのように相手をたぐり寄せたい。しかし、交渉において、たよりのものは綱ではなく、細く切れやすい糸である。両者がぐいぐい引っ張ると、糸が切れるように交渉は決裂してしまって元も子もなくなる。取引には競争と協力の間のさじ加減が必要なのである。

表1-2の「**チキン・ゲーム**」を見てみよう。ゼロサム・ゲームと異なり、今度は各欄の両者の利得を足してもゼロにはならない。このゲームでは、相手が強引にくるならば自分は妥協せざるを得ない。このとき自分も強引に出ると、利得は0となり、妥協した場合の利得1を下回ってしまうからである。逆に自分は強引に行くぞと脅して、相手から妥協を引き出すこともあり得る。相手に妥協する弱虫（チキン）はどちらだ、というわけである。

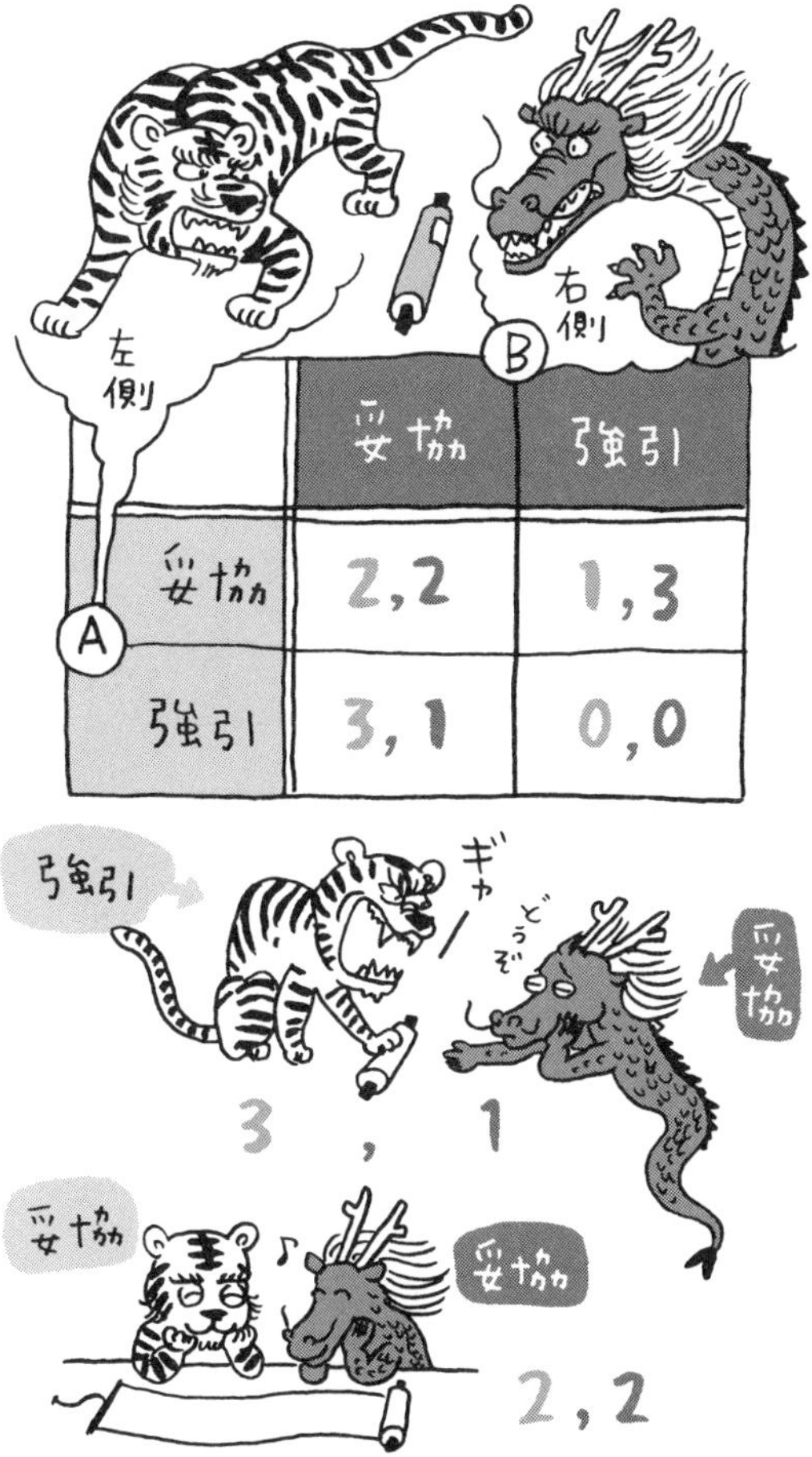

表1-2　チキン・ゲーム

その結果、チキン・ゲームには二つの安定的な点が存在することになる。一つはAが強引に振る舞い、Bが妥協するというもの。もう一つはその逆で、Aは妥協し、Bが強引に振る舞うというものである。いずれの状況からも、自分が戦略を変えれば損をするという意味で安定的になっている。たとえば、（強引、妥協）の状態では、Aの利得が3、Bの利得が1だが、Aが自分の手を強引から妥協に変えると利得は3から2に下がってしまうし、Bも自分の手を妥協から強引に変えると利得が1から0に下がってしまう。お互いに最善手をとっていて、これ以上自分ひとりで自分の利得を高めることはできない、という意味で安定しているのである。ゲーム理論では、このような意味で安定的な点を、提唱者の名前をとって「**ナッシュ均衡**」と呼ぶ。本書では、単に「均衡」と言った場合には、このナッシュ均衡を指すことにする。

企業と企業の関係にもこの糸の引っ張りあいのような局面がある。現実の企業は、相手企業の動きを読みながら行動し、「市場」に積極的に働きかけていく。そこではしばしば表1-2と同様の状況が現出する。その結果、やみくもな競争＝糸の引っ張りあいは過当競争や消耗戦を導き、経済効率性をも悪化させてしまう。

生物学でも餌《えさ》をめぐる駆け引きに表1-2のような説明が用いられる。動物社会では、人間社会と同様、譲るタイプと強引に取りに行くタイプがいる。ときには暗黙の序列ができていて、上位の者に対しては譲り、下位の者に対しては高飛車に振舞うといった行動も見られる。この序列を下位の者がくつがえそうと妥協をやめれば争いになる。一度できた序列の変更には並々ならぬ力が必要なのである。だから、ぼくは大学教授になっても、サッカー部のOB会に行って、「おまえもえらくなったなあ」と言いながら頭をぽかりとやる先輩に対して、えへへと笑って逆らわないのである。

☆☆☆

東西冷戦の分析によく使われたゲームに、**「囚人のジレンマ」**というものがある。表1-3がその基本形である。二人の共犯者が別室で取り調べを受けている状況を考えてみよう。互いに黙秘（協力）を守れば証拠不十分で起訴猶予。しかし、相手が自白（裏切）すれば自分が首謀者扱いだ。自分にとって、一番いいのは、自分だけが自白をして相手は黙秘を守ってくれる場合。つぎは二人とも黙秘を守る場合。三番目がともに自白をする場合で、最悪なのは自分は黙秘を守っているのに、相手が自白してしまった場合である。その順に3、2、1、0と利得をふって作ったのが表1-3である。このとき、疑心暗鬼になった容疑者＝囚人はつい自白のほうへ傾いてしまうのである。チキン・ゲームとの違いをよく見ていただきたい。

先ほどのチキン・ゲームでは相手が「強引」にくるならば、自分は「妥協」するほうが得をした。しかし、囚人のジレンマでは、相手が「協力」しようが、「裏切」ってこようが、自分は「裏切」ったほうが得をするのである。

囚人を国家、協力を軍縮、裏切りを軍拡と読みかえれば東西冷戦の議論に用いることができる。囚人を寡占企業、協力を高価格、裏切りを低価格と読みかえれば、公共工事入札における談合問題が分析できる。

財政もこの囚人のジレンマ的状況に直面している。国民の要求をくみとった新規事業や既存事業の拡充によって支出は足されていく。しかし、既存事業の縮小、廃止といった引き算には関心が集まらない。各省庁とも予算獲得へとベクトルが働く。周りが努力しているのに、こちらが努力しなければ一方的に損をするからである。

この戦いを単純な利権争いと考えると問題を読み違える。年金・福祉問題、教育、治安、国防、交通、環境。一つ一つはとても大切な問題だ。しかし、すべての予算要求を呑《の》んでいては、財政は破綻《はたん》する。

それぞれの分野の担当者も必ずしも利権争いをしているわけではない。人々の老後の不安を解消しようとすればカネがいる。治安の悪化を憂えればヒトがいる。他省庁が予算要求を

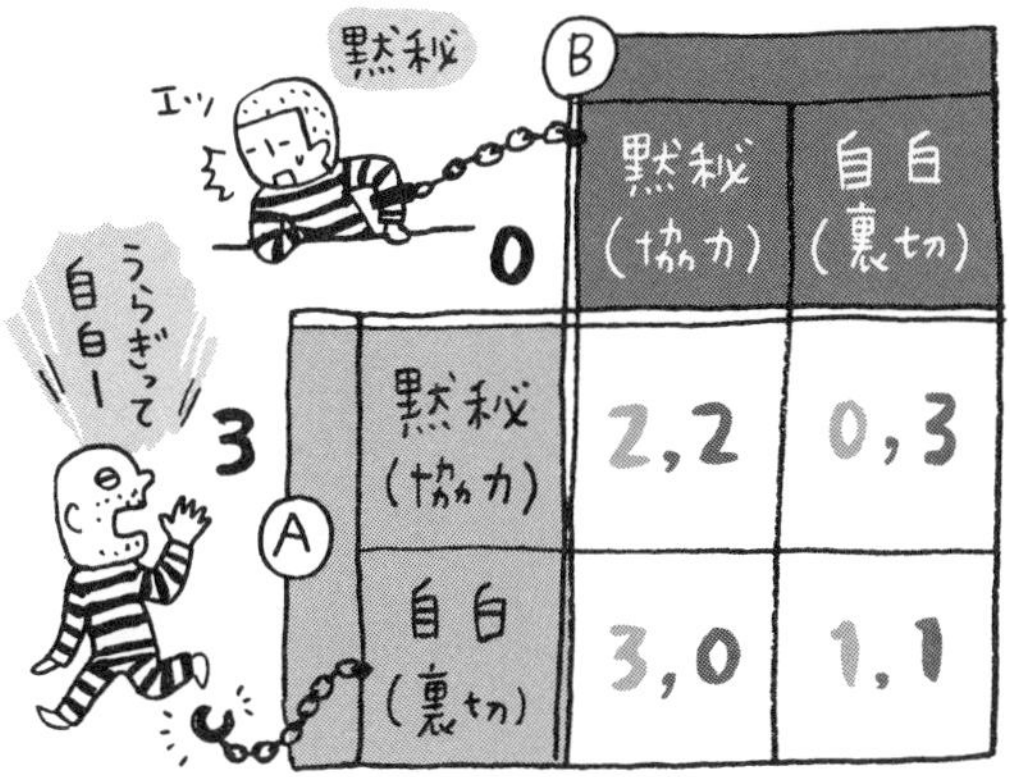

表1-3　囚人のジレンマ

しているときに自分のところが要求をしなければ、予算は削られ、必要なオペレーションもできなくなってしまう。財政赤字を理由に予算が削られると、それを見越して過大に要求を出す。正に囚人のジレンマと同様の状況が現出しているのである。

必要な施策なら借金をしてでもすべきであるし、国は個人と異なってほぼ永遠に存続することが可能なのだから借金をし続けても大丈夫だという考えもあるだろう。そこで、つぎにその議論をゲーム理論の観点から吟味してみよう。

☆☆☆

ある賭《か》け事《ごと》好きの碁打ちがいた。「いくらでもお貸ししますよ」と甘い言葉に誘われて、たまった借金がン億円。もうカネを貸す馬鹿《ばか》なサラ金もおらず、邸宅は差し押さえ。サラリーマンなら自己破産だ。ところがどっこい、そこは天下の棋士だ。勝つわ、勝つわで借金を完済。そうなると、また甘い汁を求めてサラ金が寄ってくる。

サラリーマンになら絶対に貸さない金額も強い碁打ちには貸す。回収の目処《めど》が立つからである。八〇〇兆円の借金があっても国債は売れる。私企業ならばつぶれてしまうような債務を抱えていても政府はつぶれないからである。しかし、それは無限に信用がある、ということではなく、所詮《しょせん》は程度問題である。強い碁打ちに一億円貸しても一〇億円は貸さない。四〇兆円稼《かせ》ぐ政府がいくらの借金までなら耐えうるかは議論の分かれるところであるが、無限でないことだけは確実である。

政府の場合、借金の限度額は物理的な問題というより心理的な問題である。その点で巨額の借金はバブルと似た性質を持っている。みんなが国債を購入している間は問題ない。一方、みんなが購入しなくなれば国は借金を払えなくなり、債務不履行となる。そんなとき自分ひとりだけ国債を買えば大損である。

表1-4はこういった投資家間の戦略的関係を簡略化して表したものである。このゲームは**協調ゲーム**と言われ、二つの安定的な解がある。みんなが国債を購入している状態とみん

表1-4　協調ゲーム

ながら国債を買わなくなった状態である。みんなが国債は安全だ、と思って購入しているうちはよいのだが、国債は危険だ、と思えば債務不履行に陥ってしまう。

財務省のジレンマがここにある。財務省は財政危機を訴えることで、人々や政治家の予算要求への声を鎮め、歳出を抑えなくてはならない。その一方で、財政危機は債務不履行になるほどひどくはない、と投資家に信じてもらい、国債を高価格＝低金利で購入し続けてもらわなくてはならないのである。

人々がもう無理そうだ、と思ったとき破綻は突然やってくる。「国債大暴落」、そんな見出しを新聞の一面で見ないためにも財政再建は欠かせないのである。

2　PKは苦手な方向へ蹴《け》れ

二〇〇六年、サッカーワールドカップドイツ大会準々決勝ドイツvsアルゼンチン。この試合で国民的ヒーローになった選手がいた。ドイツのGKレーマンである。同点で試合が終了し、もつれこんだPK（ペナルティ・キック）合戦で、2本のPKを止めたのである。その華麗なセーブの陰には、チームぐるみの緻密《ちみつ》な研究があったという。

ドイツのビアホフ・マネジャーは試合翌日の記者会見で、「相手がPKを蹴る順番、蹴る方向は事前にわかっていた」と述べた。ドイツの「諜報部隊《ちょうほう》」は、アルゼンチン代表選手の過去二年分のPKのデータを収集し、GKたちに見せていたという。その結果、レーマンはアルゼンチン選手の4本のキックすべてに正しい方向に反応し、うち2本を止めることができた。アルゼンチンGKのフランコが4本中3本逆方向に反応したのとは対照的だった。

アルゼンチン側とすれば、研究されていることに気がつかなかったことが敗因と言えよう。では、研究されているということがわかっていたとしたら、どのようにPKを蹴るべきであったのであろうか。とくにトッププロといえども生身の人間。得手不得手がある。と言って、得意な方向ばかりに蹴っていたのでは、相手に読まれてセーブされてしまう可能性が高くなる。だから、PK合戦では苦手な方向へも蹴らなくてはいけないのだが、ゲーム理論を使うと、それどころではない驚くべき事実が発見される。さて、どのような発見か。まずは順を追って見ていこう。

☆☆☆

PKは、ペナルティ・スポットからゴールまでの距離が九・一五メートルと短いことから、ボールが蹴られてからGKが反応していたのでは間に合わない。そこで、ボールが蹴られる前にどちらに跳ぶかあらかじめ決めておく必要がある。キッカーもゴールに向かって左に蹴るか右に蹴るかを決める。とすれば、これはじゃんけんにも似たゲームということになる。

表1-5を見てみよう。このゲームの場合、いつも左に蹴っていれば、それを読んだGKに左に跳ばれ、成功確率は半分に減ってしまう。成功確率を上げるためには、相手に読まれないようにしなくてはならず、この場合はキッカー、GKとも半々の確率で左か右を選ぶのが最善手ということになる。どちらかに偏った手をとると、じゃんけん同様、相手に読まれて損をしてしまうからである。ちなみにこの場合のPK成功確率は$\frac{3}{4}$となる。反対にPK

阻止率は$\frac{1}{4}$である。(左、左) ないし (右、右) と同じ方向に跳ぶ確率が$\frac{1}{2}$でそのときの成功確率が$\frac{1}{2}$、(左、右)、(右、左) と反対の方向に跳ぶ確率が$\frac{1}{2}$でそのときの成功確率が1だから、$\left(\frac{1}{2}\times\frac{1}{2}+\frac{1}{2}\times 1\right)=\frac{3}{4}$というわけである。

実際には、ＰＫを蹴るキッカーも、それを防ぐＧＫも生身の人間であり、蹴りやすい方向や跳びやすい方向がある。ここでは、ＧＫには得手不得手がないとし、キッカーの蹴りやすい方向だけが左に偏っているとしてみよう。左に蹴るとゴールの枠に必ず行くのに対し、右に蹴るとゴールの枠を外す可能性があって、ＧＫが左に跳んだとしても成功確率は$\frac{2}{3}$しかないとしよう。さらに、計算を簡単にするために、同じ方向にＧＫが跳んできたら確実に止められてしまうとしてみよう。この関係を表にすると、表1-6のようになる。

さて、あなたがアルゼンチン選手だとして、どのくらいの確率で左に蹴るべきであろうか。とにかく相手は情報戦に強いドイツ。あなたの手は確率も含めて、相手にばればれだと考えておいたほうが無難である。あなたが左に蹴るとわかっていれば、相手ＧＫは左に跳んでくる。右に蹴るとわかっていれば右に跳んでくる。

ここで試みにあなたが$\frac{1}{2}$の確率で左に蹴ると知られていたら、ドイツＧＫがどう反応するかを考えてみよう。そのために、ドイツＧＫの立場に立ってみる。まず左に跳ぶと、$\frac{1}{2}$

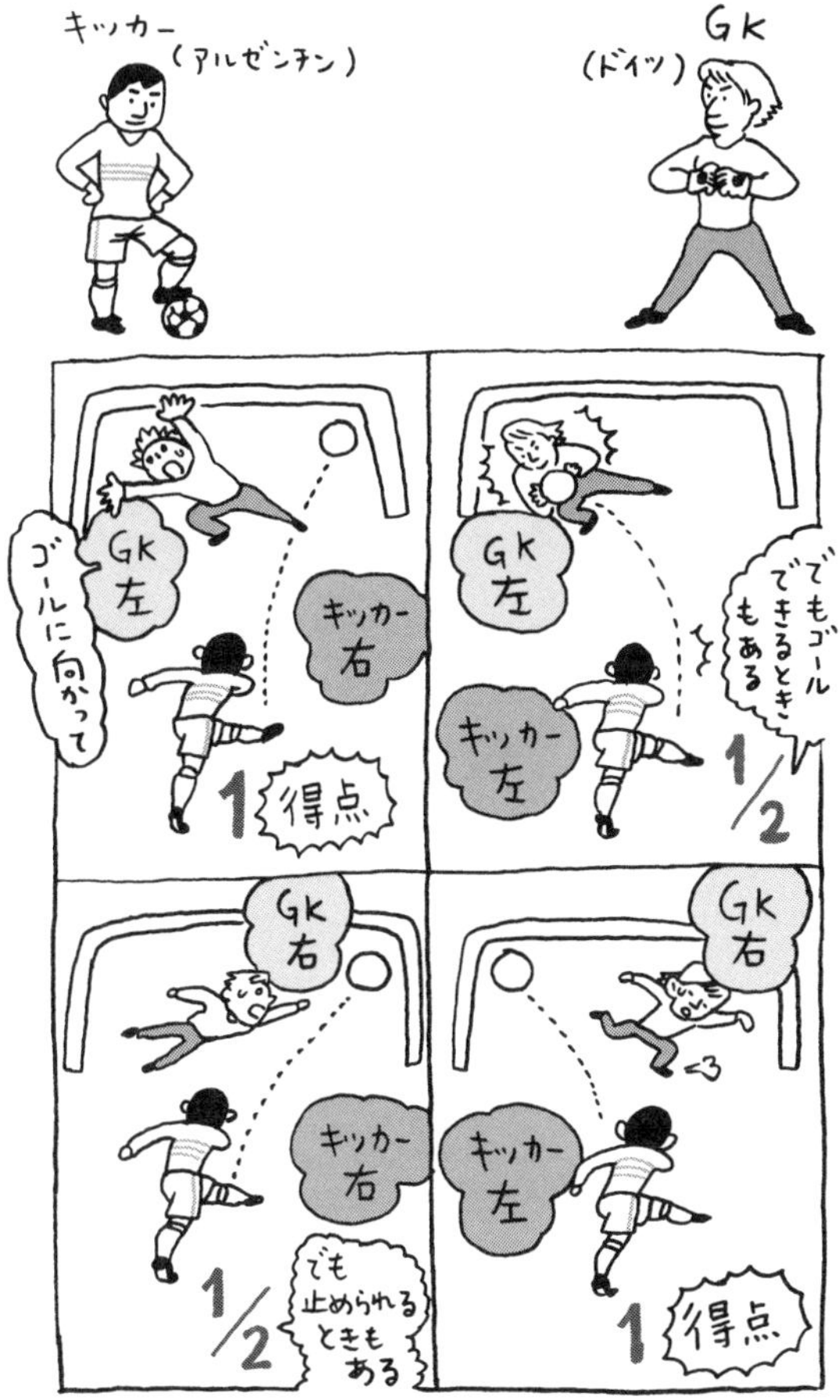

表1-5　ＰＫ（ペナルティ・キック）の成功（ゴール）確率

の確率で同一方向となり、残りの$\frac{1}{2}$の確率で逆を突かれることになる。逆を突かれて右に蹴られた場合の成功率は$\frac{2}{3}$だから、全体としての成功率は、$\frac{1}{3}$となる。

反対に、右に跳んだらどうなるであろうか。今度は逆を突かれたときの成功率は実に一〇〇％なので、逆を突かれる確率$\frac{1}{2}$をかけて、成功率は$\frac{1}{2}$となる。

したがって、ＰＫ阻止率を高めたいＧＫの立場から言うと、左に跳んだほうがいいということになる。このときの成功確率は$\frac{1}{3}$となる。しかし、ＧＫが左に跳ぶならば、自分は苦手でも右に蹴ったほうが成功率を$\frac{2}{3}$にまで高めることができるということになる。

じゃんけんと同じで左右に蹴り分けなくては読まれてしまうが、半々の確率ではまだ左に跳ばれてしまうので、さらに苦手な方向へ蹴る確率を高める必要がある。

実は、キッカーであるあなたは、苦手な右方向へ蹴る確率を$\frac{3}{5}$にまで高める必要がある。このとき、ドイツＧＫは左に跳ぶと5回に3回は逆を突かれ、そのとき3回に2回成功するので、5回に2回の割合で成功することになる。反対に、ドイツＧＫが右に跳ぶと、逆を突かれるのは5回に2回だけであるが、このときは確実にゴールするので、やはり成功は5回中2回となる。

この状態から少しでも左に蹴る確率を増やすと、ドイツＧＫにたちどころに見破られて左

表 1-6　ＰＫの成功確率（右方向が苦手なキッカー）

に跳ばれ、成功確率は下がってしまうことになる。逆もまたしかりで、少しでも右に蹴る確率を増やすと、今度は右に跳ばれ、成功確率はやはり下がってしまう。計算力のある方はぜひ試してみていただきたい。これをまとめると、苦手な方向に５回中３回蹴るときに成功率を最も高くすることができるといえる。

ここまでは、ドイツが情報戦に長《た》けているとして、議論を進めたが、アルゼンチン側もドイツＧＫの動きを読んでいたとしたら、同様の計算ができないだろうか。つまり、ＧＫの動きが読まれているとしたうえで、ドイツＧＫが左へ跳ぶ確率を計算するのである。先ほどと立場を換えて計算をすると、ドイツＧＫは、５回中３回、相手が得意な左に跳び、残り２回は相手が苦手な右に跳ぶことがベストの対応ということがわかる。逆を突かれても相手が苦手な方向ならば、ミスする確率がそもそも$\frac{1}{3}$あるので、それほど気にならないというところであろう。

あなたにとって、苦手とはいえ、相手が跳んでこない右方向へ蹴ったときのほうが、得意な左方向へ蹴ってＧＫに読まれる場合に比べれば成功率が高いという点がポイントである。相手の裏をかくことが必要なＰＫのようなゲームでは、敵を知ることと同時に、自分の手を知られないようにすることが大切なのである。

このような戦略的思考はＰＫのキッカーを選ぶ際にも必要となってくる。あなたがアルゼンチンの監督だとして、左に蹴れば確実に枠に行くが、右に蹴れば必ず枠を外してしまうキッカーAと、左も右も半分の確率で枠に行くキッカーBのどちらを用いるだろうか。やはり、GKが同じ側に跳んだときには確実に防がれてしまうとする。もし、相手が研究をしていなければ、キッカーAを選んで左に蹴らせればいいだろう。しかし、ドイツが相手のときは、そうはいかない。キッカーAを選ぶと見透かされて左に跳ばれ、防がれてしまう。それに対し、キッカーBならドイツGKは半々の確率に賭けるしかなく、4回に1回の割合でゴールすることができるのである。

さらに、左に蹴ったときにのみ枠に行く確率が八〇％で、右に蹴ったときはまったく枠に飛ばないキッカーであっても、研究されていなければ、ドイツGKは半々の確率で跳ばざるを得ない。このときのＰＫ成功率は四〇％になる。研究上手なドイツ相手には、多少下手でもかまわないから滅多にＰＫを蹴らない選手を選ぶべきだったのかもしれない。

3　共有地の悲劇

一九六〇年代後半、まだ幼稚園児だったぼくのアメリカでの原体験は強烈だった。建物はどれもセントラルヒーティングで、蛇口《じゃぐち》をひねればお湯が出る。どこへ行くにも車ですいすい。子どもながらにすごい国だと思った。この快適な生活を維持するためのコストに考えが及んだのはずっと後のことである。二〇〇二年のアメリカの一人当たり年間最終エネルギー消費量は石油換算で五・四トン、対する日本は二・八トン。ちなみに欧州主要国は三トン弱、中国は〇・五トン、インドは〇・二トンである。先進国と発展途上国の差と、アメリカの突出ぶりがうかがえる。

そのコストの一つが地球温暖化であるという見方が有力だ。ここ一〇〇年間で世界の気温はセ氏で〇・七度、日本の気温は一度、東京の気温に至っては三度上昇したという。国連の気候変動に関する政府間パネル（ＩＰＣＣ）は二〇〇七年の報告書で、二〇世紀半ば以降に観測された地球温暖化は人為起源の温暖化ガスの増加によってもたらされた可能性が非常に高いと結論づけた。温暖化の影響は単に気温が上昇するだけではない。海面上昇による高潮被害の増加、熱帯低気圧の規模の増大、地中海沿岸の乾燥化、マラリアの感染拡大など、世界の気候や風土のバランスが大きく崩れる可能性が指摘されている。

そのＩＰＣＣと並んで二〇〇七年のノーベル平和賞を受賞したのが、アル・ゴア元アメリカ副大統領である。その著『不都合な真実』によって環境問題を喚起し、一気に環境問題への関心が耳目を集めるに至った。一方、そのアル・ゴアも自宅では大量のエネルギーを消費しているとの批判も出た。みなに節約を呼びかける一方、自分だけはエネルギーの大量消費を行うのかとの批判は、「環境問題は政治の問題ではなく、モラルの問題」と言ったゴア氏自身にまとわりつく。

環境先進国を謳《うた》う国々による地球温暖化を加速させる動きも後を絶たない。北極圏の氷が温暖化で融《と》けていくことで新たに生まれたビジネスがある。北極海の資源開発である。厚い氷に閉ざされてきた北極海の底に眠る天然資源が掘削できるようになり、各国が血眼《ちまなこ》になって開発を急いでいる。その結果、北極海の氷の融解が加速することが危惧《きぐ》されている。

中でも、ロシアや米国もさることながら、民主主義が浸透し、人々の厚生を中心に考えていると思われているノルウェーなどの北欧諸国の資源開発はぼくたちに衝撃を与えている。そこには全体にとって何をすることがいいか知りつつも、それとは異なる行動を採ってしまう個人や国家のエゴが見てとれる。

環境問題の本質は第1節で見た囚人のジレンマと呼ばれるゲームにある。繰り返しになるが、25ページの表1-3を見てみよう。二人の囚人が別室で取り調べを受け、自白を迫られている。二人とも自白をすれば、有罪となる一方、二人とも黙秘を守れば、証拠不十分で起訴が見送られ、他の微罪で立件される。話がそれで終われば、黙秘を守らない手はないと思われるかもしれない。しかし、問題は自分が黙秘を守っているときに相手が自白をしてしまうことである。このとき、相手は自白したことによる情状酌量《しゃくりょう》や司法取引による無罪放免がある一方、黙秘を守ったほうは主犯に仕立てあげられてしまい、罪を一身にかぶることとなる。表1-3の利得はこの辺りのことを勘案した数字である。

このとき、囚人たちはどのような手を打つであろうか。ともに黙秘を守れれば(2, 2)となり、ともに自白をして(1, 1)が実現するよりも互いに高い利得が得られることは見ての通りである。しかし、である。相手が黙秘を守っているときに自分も黙秘を守れば2が得られる反面、自分が自白を選べば、その利得は3にまで上昇する。さらに、相手が自白をしていると思われるときでも、自分が自白を選べば、黙秘を続ける場合の利得0に比べ高い利得1が得られることがわかる。

二人とも頭では、協力し合って「黙秘」を守れば高い利得が得られることはわかっている。

しかし、自分がかわいい二人は、つい自白を選んでしまうのである。

資源開発競争も同じ側面を持っている。「黙秘」と「自白」をそれぞれ環境に配慮し資源開発を「自粛」するか、環境に対する影響を無視し資源開発を進めるか、という戦略に置き換えれば、囚人のジレンマはそのまま開発国のジレンマとなる（表1-7）。

環境保護の文脈では、生態学者ハーディンの**共有地の悲劇**が有名である。牧草が生えている共有地では、人々が先を争って家畜を連れて行き、牧草を食べさせてしまうため、牧草はやがて食べ尽くされて荒地になってしまうだろうとした。

共有地の悲劇は、その土地がだれにでも利用可能な場合のみ成立し、所有権や利用のルールが確立している一般の共有地では発生しないとして批判された。実際には、日本の入会地《いりあいち》などでも、いつどのくらいの草木を採っていいかなどのルールがこと細かに決まっているという。

地球環境という世界の共有財産の利用ルールを決めなくては、悲劇が起こってしまう。そういう危機意識から国際社会が設けた議論の場が締約国会議（ＣＯＰ）である。一九九五年に第一回開催後、二年の時を経て、ＣＯＰ３において地球温暖化ガス削減の目標に関する取り決めがなされた。いわゆる「京都議定書」である。しかし、この議定書が先進国のみに削

	自粛	開発
自粛	2, 2	0, 3
開発	3, 0	1, 1

A国 / B国 / A / B

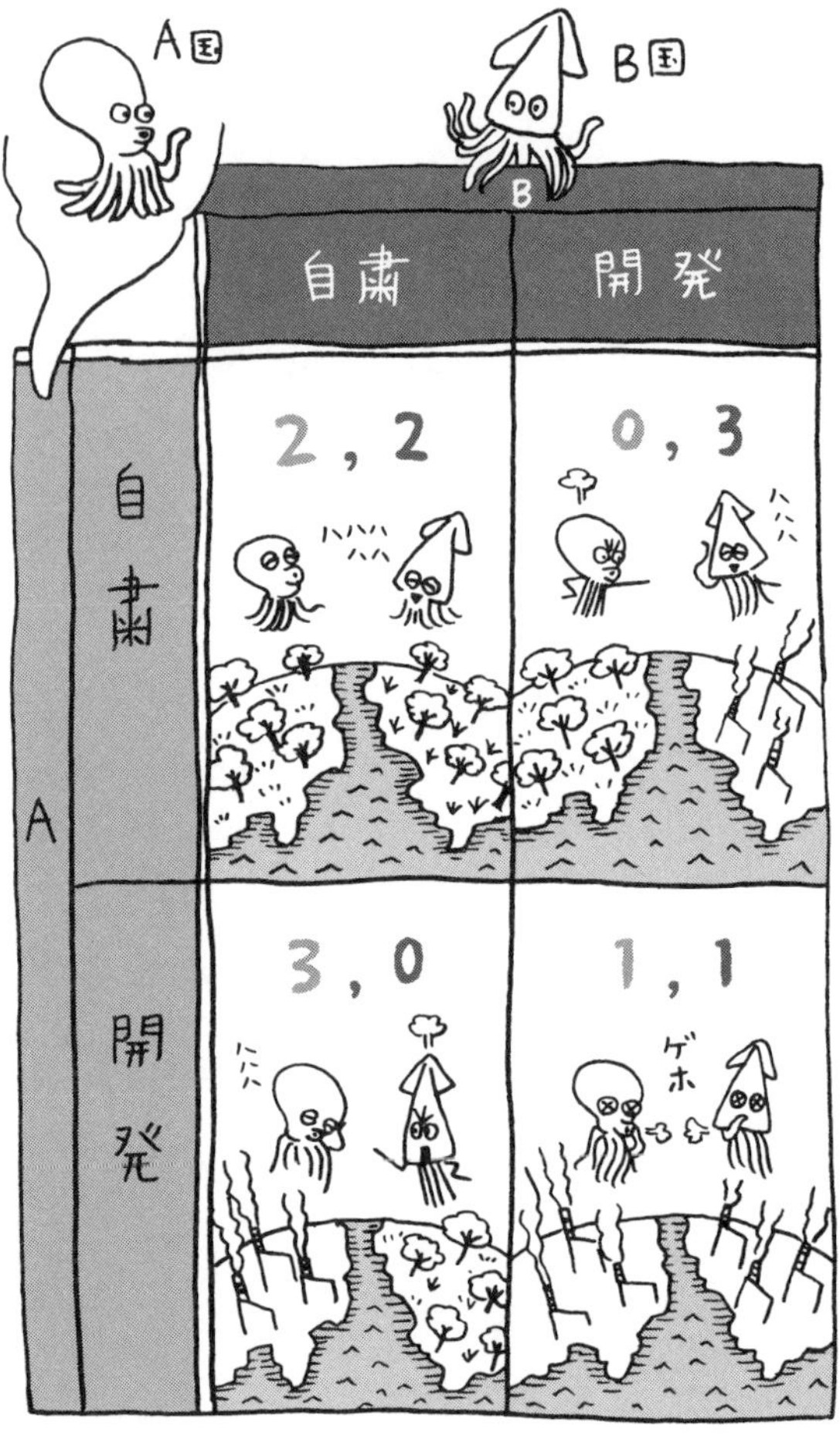

表 1-7　開発国のジレンマ

減義務を課すものであったために、アメリカが反発して離脱してしまった。互いに相手が排出ガスを削減してくれるのであれば、そのほうが望ましいのであるが、自分だけが排出ガス削減に動けば、損をする。そういった思惑が飛び交う国際社会では、京都議定書以降、抜本的な解決に向けての合意形成ができていない。現在までのところ、残念ながら、囚人のジレンマを解決するための方策の困難さを物語る事例となってしまっているのである。

4　タルムードの財産分割

二〇〇〇年前から伝わるユダヤの経典にタルムードというものがある。聖書が物語風にこの世の起源などを話して聞かせるものだとすれば、こちらはユダヤの戒律を記したものである。この中の一項目に、興味深い財産分割のきまりがあった。

ある男が借財を負ったまま破産した。債権者はA、B、Cの三人いて、それぞれ100、200、300であった。残念ながら男の資産は600には足らず、債権者たちは何がしかの金額をあきらめなくてはならない。ここで、タルムードはいくつかのケースについて例示している。表1-8はそれをまとめたものである。

この表は一見すると規則性に欠けるように見える。今日であれば、しばしば債権額に比例した按分《あんぶん》がなされるであろう。実際、資産額が300のときには、そのような按分がなされている。しかし、資産額が100しかない場合には、債権額にかかわらず三者の取り分は同じ33・3である。さらに、資産額が200の場合には、規則性があるのかどうかすら怪しい。この財産分割法は二〇〇〇年もの長い間ユダヤの律法学者の間で議論されてきたものの、確たる解決法が見つからなかったという。

二〇〇〇年の時を経て、ノーベル賞を受賞したヘブライ大学のオーマンと同僚のマシュラーは、この財産分割問題の答えがゲーム理論でいう「仁」という解に一致することを発見した。この「仁」という解概念は同じくイスラエルのシュマイドラーによって提唱された解概念である。ちなみに、シュマイドラー氏はぼくの学問上のおじいさん（筆者の指導教官ギルボア氏の指導教官）、オーマン氏はひいおじいさん（シュマイドラー氏の指導教官）に当たる。

少しかみくだいて見ていこう。タルムードには別のルールがあり、それによれば半分とそれ以下ではルールが異なるとある。「半分以上もらうというのは全部もらうのと同じこと」という行《くだり》もあるという。そこで、財産分割も同様のルールが適用されると考えてみる。まず、資産額が少ないときには、三人の債権者で均等に資産を分けていく。しかし、ある債権者の

資産額＼債権額	100（債権者 A）	200（債権者 B）	300（債権者 C）
100	33.3	33.3	33.3
200	50	75	75
300	50	100	150

表1-8　タルムードによる債権者の取り分のルール

取り分が債権額の半分に達すると、その債権者はそれ以上の分け前からはとりあえず――他の債権者の取り分が五〇%に達するまで――脱落する。そして、残りの債権者の間で資産を均等に分けていき、再びだれかの取り分が債権額の半分に達したところで、その債権者はそれ以上の分け前から脱落。このプロセスを続けながら、資産を分割していくのである。

ここで元の問題に戻ろう。100の資産を三人の債権者で均等に分けると、およそ33・3ずつの取り分となる。一番債権額の少ない債権者Aの半分に達していないので、これがそのまま答えとなる。つぎに資産額が200だったとしよう。このとき、均等に配分すると、およそ66・7となり、Aの債権額の半分を超えてしまう。そこで、Aには100の半分の50だけを与えて、残りの150はBとCで均等配分し、75ずつ取る。さらに資産額が300になった場合は、Aには50だけ与えて、残りの250をB、Cで均等配分すると、債権額が200しかないBの取り分が125と半分を超えてしまう。そこで、Bには100だけ渡して、残りの150をCが取る、ということになるのである。

では、資産額が債権総額の半分を超えたときはどうなるのであろうか。オーマンたちは、タルムードの別の項目に注目する。それによると、ある生地があって、AとB二人の男がその生地の所有権を主張している。このとき、もしAが生地すべての所有権を主張し、Bが生

資産額＼債権額	100（債権者 A）	200（債権者 B）	300（債権者 C）
100	33.3	33.3	33.3
200	50	75	75
300	50	100	150
400	50	125 (=200－75)	225 (=300－75)
500	66.7(=100－33.3)	166.7(=200－33.3)	266.7(=300－33.3)

※ 300 以下では、取り分が債権額の半分を超えない範囲で等しくする。
※ 300 以上では、不足分が債権額の半分を超えない範囲で等しくする。

表 1-9　タルムードによる債権者の取り分のルール完成版

地の半分の所有権を主張しているのであれば、双方の不満が等しくなるように、Aに3/4、Bに1/4を渡せ、とあるという。

これを元に先ほどの資産の配分問題を考えると、不足額について同じルールを適用すればよいということになる。すなわち、資産額が５００あるときには不足額が１００あると読みかえて、不足額を三者で均等配分する。それにより、A、B、C三者の取り分は66・7、１６６・７、２６６・７となる。このようにして完成したのが表1-9である。

この財産分割法は、債権者が特定できない場合には問題も発生する。たとえば、資産額が１００だとしたときに、債権者Cは自分の家族や友人などに債権を半分渡すことで得することができてしまう。仮に、新たな債権者をDとし、CがDに１５０の債権を譲ったとしよう。すると、今度は債権者の数は四人となり、だれかの取り分がその人の債権額の半分になるまでは均等に配分していくことになる。すると、資産額が１００の場合には、一人当たり25ずつの取り分を得るということとなり、CとDはこのような結託によって、Cひとりのときの取り分33・３よりも多い、合計50の取り分を得ることができてしまうのである。

逆に、資産額が総債権額６００の半分を超えている場合には、債権者が結託して、債権を合わせる**インセンティブ**（誘因）が発生する。たとえば、資産額が４００の場合に、債権者

AとBが組んで債権を一本化すると、200の資産を取ることができる。これは、本来の両者の取り分の合計175を上回るものである。

この不足額を均等化するという「仁」の考え方は、日本でも見られる。落語でも有名な大岡裁きである。あるとき江戸《えど》時代の名奉行、大岡越前守《おおおかえちぜんのかみ》の元へ大工と左官屋が三両を携え、裁きを求めてやってきた。話はこういうことだ。道端で三両を拾った左官屋が落し主の大工のところへ金を届けに行く。すると、大工は一度落としたものはおれのものではないから受け取れないよ、と言う。一方の左官屋もこのままありがてえと受け取っちまったんでは江戸っ子の名折れだと言って受け取らない。そこで二人はついに越前守の裁きを受けにやってきたというわけである。二人の言い分を聞いた越前守は、懐から一両取り出すと、二人の持参した三両と合わせて四両とし、それを二人に二両ずつ分けて、これで納得するよう諭したという。いわゆる越前守も含めた「三方一両の損」の名裁きである。

本当にあった話か否かは定かではないが、同じ不足額を均等化するという話でも日本の大岡裁きのほうは、「いらねえよ」と突っぱねるところが面白い。こんなところにも国民性の違いが出ているのかもしれない。

第二章　歴史編

1　背水の陣

中国統一を初めてなしとげた秦《しん》の始皇帝が紀元前二一〇年に没すると、各地で反乱が勃発《ぼっぱつ》し、天下は大いに乱れた。その中で頭角を現してきたのが、旧楚《そ》の将軍の子、項羽と、自作農出身で教養はないが、人望のある劉邦《りゅうほう》であった。両者は当初、協力して秦と戦うが、やがて中国の覇権を巡って相争う仲となる。

項羽と劉邦は、それぞれ魅力的な、しかし、正反対の気質を持っていた。項羽は武勇に優れ、知力も抜きん出ていて、自分で何もかも仕切る人物であった。しかし、その性格は冷徹であった。秦の投降兵二〇万を殺戮《さつりく》した一事をとってもその冷徹さが見てとれる。一方の劉邦は、性格が鷹揚《おうよう》で、部下を信頼し、何もかも任せる人物であった。

その中で大きな光彩を放った人物がいる。後に劉邦に楚の王の位を授けられる韓信《かんしん》である。史記列伝によれば、韓信は平民の出で、貧乏で品行が悪かったという。項羽の配下となった後、たびたび項羽に策略を進言したが、自分の知力に自信のある項羽はそれをとりあげなかった。

劉邦が蜀《しょく》に入るとき、韓信は項羽の下を離れ、劉邦の漢に帰属した。劉邦より先に韓信を見出したのは丞相《じょうしょう》（総理大臣）の蕭何《しょうか》である。あるとき、劉邦の将来を危ぶみ、逃亡する武将が相次いだ。韓信も自分をなかなか取り立ててくれない劉邦を見限って逃亡した。蕭何は、これを聞くと、自身で後を追った。

「丞相が逃亡いたしました」と劉邦に告げるものがあり、劉邦は大変怒ると同時に落胆もした。しかし、それから一、二日たって蕭何がやってきて、目通りした。劉邦は腹が立つやらうれしいやらで、蕭何をどなりつけた。

「おまえが逃げたのは何故か」

「私は逃げたのではございません。逃げた者を追って連れ戻してきたのです」

「おまえが追いかけた者はだれだ」

「韓信です」

ここまで聞くと、劉邦はさらに怒って曰《いわ》く、

「将校たちで逃げた者は何十人もいる。貴様はだれも追いかけようとしなかった。韓信を追

いかけたというのは嘘《うそ》だ」

「将校たちを手に入れることはたやすいことです。しかし、韓信のような人物は二人とおりません。君がいつまでも一地方の王で満足されるのであれば、韓信は無用でしょう。しかし、天下を求めるのであれば、韓信を措《お》いて他に人物はおりません」

「よし、では韓信を将軍に取り立てよう」

「将軍では満足せず、ふたたび逃亡するでしょう」

「では、大将に取り立てよう」

大将に抜擢《ばってき》された韓信は早速彼我の違いを説き、遠征の軍を起こさせることに成功した。

韓信が趙《ちょう》を攻めたときのことである。国境に陣取った趙軍は、二〇万と号し、地の利を活《い》かした砦《とりで》を築いている。そこで、韓信は軽騎兵二〇〇〇人に自分たちの赤旗を持たせ、間道沿いに進むよう指示する。そして曰く、「趙軍はわが軍が敗走するのを見て、きっと砦を空にしてわが軍を追撃してこよう。おまえたちはその間に急いで趙の砦に入り、速やかに漢の赤旗を立てよ」

韓信は別に一万の兵を先行させ、川を背にして陣を敷いた。いわゆる背水の陣である。趙軍はそれを見て大笑いした。兵法に、背水の陣は敗れたときに逃れようがなく、全滅の憂き目に遭うので、これを避けよとあるからである。

兵法も知らぬ間抜け大将よ、と趙軍はかさにかかって攻め寄せた。韓信も自陣から打って出て、しばらくの間、激戦が続き、韓信の軍は偽って敗走し、川岸の自軍に戻った。退路のない漢軍は必死になって戦い、なかなか勝負はつかない。そこで、趙軍は、砦からも部隊を出し、これを打ち破らんと攻めかけた。

その間に韓信が出しておいた別働隊二〇〇〇騎は、趙軍が砦をがらあきにする折を見計らって、砦に入り、漢の赤旗をうち立てた。趙軍は韓信の漢軍を打ち破ることができず、ひとまず砦に戻ろうとして、あっと息を呑《の》んだ。退路が断ち切られている。そう思い込んだ趙軍は混乱を極め、漢は敵の大将や王を捕虜とした。

将軍たちは、敵将の首と捕虜を差し出し、お祝いの言葉を述べると、質問をした。

「兵法には『山や丘を右と後ろにし、水や沼沢を前と左にせよ』とあります。このたび、御大将はその反対に水を背にして陣を敷きました。わたしどもは納得できませんでしたが、結局は勝ち戦を収めました。これはどういう戦術でしょうか」

韓信曰く、

「きみたちは気付いていないだけかもしれないが、兵法に『兵は死地にいれられて初めて生き、亡地に置かれて初めて存する』とある。わたしが差配する軍はまだ編成して日も浅く、逃れる道があれば、散り散りになってしまっていたであろう」

将軍たちは心服して、

「ごもっともです。とてもわたしどもの及ぶところではございません」

と言ったという。

さて、このときの状況をゲームの**展開形表現**を使ってみておこう。これまでに見てきた状況と異なり、このゲームは行動を採る順番があるので、枝分かれしていくゲームで見るのがわかりやすい。図2-1はこれを図示したものである。ここでは、まず漢軍がどのような陣を敷くかを選択し(図では枝を選び)、その後趙軍が「攻撃」か「様子見」かを選択するというゲームとなっている。「背水の陣」を馬鹿《ばか》にした趙軍は攻撃を仕掛けて大敗してしまう。

韓信以後、背水の陣は兵法家の常識となった。後の戦では、背水の陣を敷いている敵に対して、これを兵法を知らざる者と嘲《あざけ》ることはなくなり、敵が死に物狂いで戦う可能性のあること、また、別に伏兵がいて、味方の虚を窺《うかが》っている可能性のあることが考慮されるようになった。

そこまで読み切っていると何が起こるであろうか。「背水の陣」を見た趙軍は、本来であ

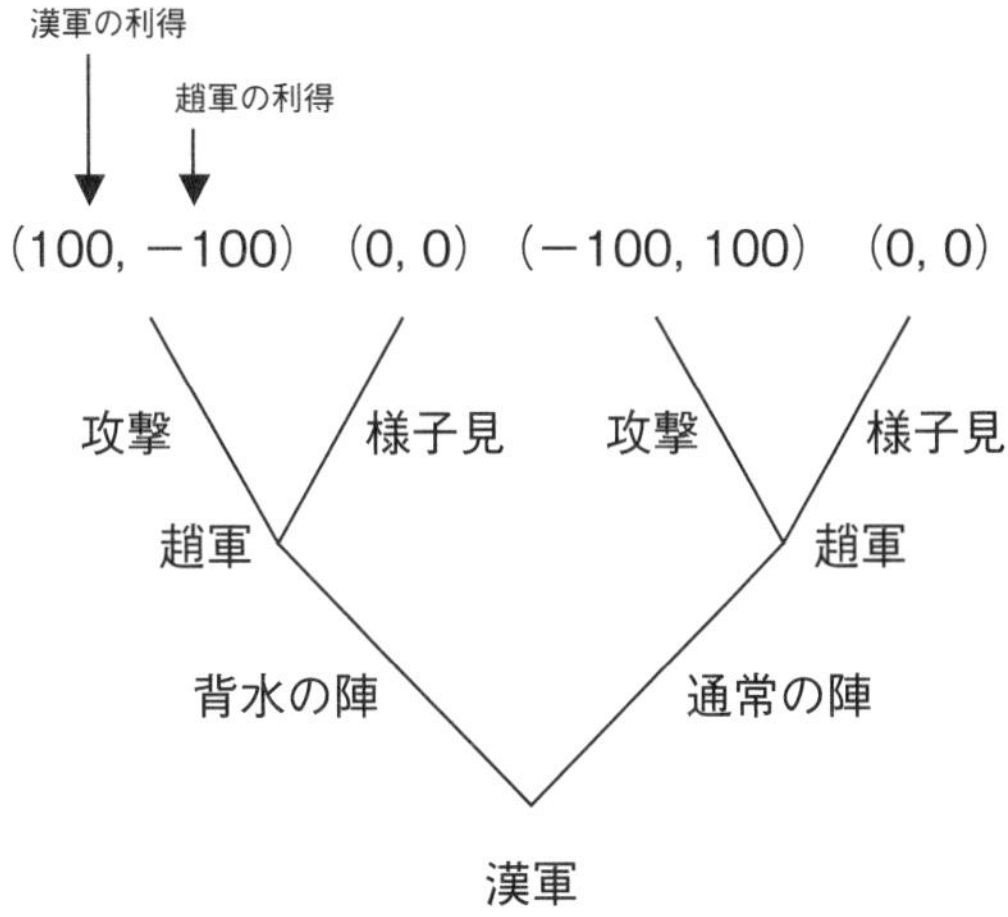
漢軍の利得
趙軍の利得
(100, −100)
(0, 0)
(−100, 100)
(0, 0)
攻撃
様子見
攻撃
様子見
趙軍
趙軍
背水の陣
通常の陣
漢軍

アトが
ない…

図 2-1　背水の陣

れば、「様子見」すべきであった。それに対し、「通常の陣」ならば「攻撃」すべきである。そして、そこまで読み切ったうえで、漢軍は「背水の陣」を敷くことになる（図2−2）。

背水の陣は一種の高等戦術である。本来なら逃げ道を作っておくべきところ、それでは本当に逃げてしまうからと、退路を自ら遮断しておくのである。ときどき一夜漬けの試験勉強をするときなど、背水の陣で臨む、と言ったりするが、これは誤用である。自分の意の通り動かし得ない敵味方の動きをコントロールするために、十分に熟慮を重ねたうえで背水の陣を敷くのである。軽々しく用いてはならない。もっとも、自分をコントロールできないというのであれば理屈はわかるが、それはまた別の話である。

さて、韓信は後に劉邦と語らっているときに質問を受けた。

「余はどのくらいの軍勢を動かすことができようか」

韓信はこれに答えて、

「陛下は一〇万の軍勢がいいところでしょう」

いささかむっとした劉邦は重ねて問う、

「それではそちはどのくらいの軍勢を動かせるのか」

「多ければ多いほど動かしやすくなります」

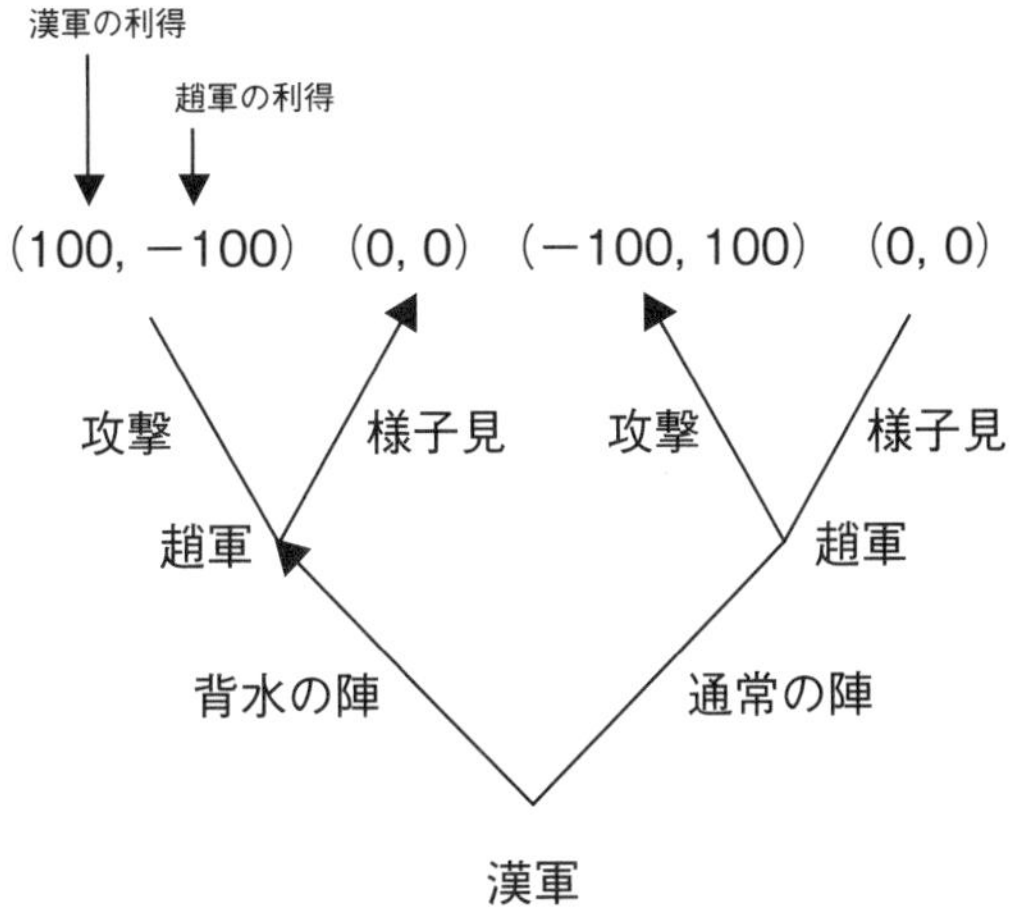
漢軍の利得
趙軍の利得
(100, −100)
(0, 0)
(−100, 100)
(0, 0)
攻撃
様子見
攻撃
様子見
趙軍
趙軍
背水の陣
通常の陣
漢軍

背水の陣!!

図 2-2　背水の陣の解

劉邦は笑い出し、

「多ければ多いほどよいのであれば、何故余の下についているのだ」

「陛下は軍勢を動かすことはできませんが、将軍を動かすことがおできになります。これこそ、わたしが陛下にお仕えしている理由です」


項羽を破った後、韓信の力が強大になったのを恐れた劉邦の周囲の者は、韓信をだまし討ちにする。韓信は、「すばしこい兎《うさぎ》がいなくなれば、猟犬は煮られてしまう。敵国が滅べば、謀臣は殺される」と嘆いたという。戦場での戦術に長《た》けていた韓信も、人間関係の機微には疎かったのである。

2 天下三分の計

時代は漢を建てた劉邦の治世から下ること四〇〇年、世はふたたび戦乱の最中にあった。乱世には英雄が出てくるものである。いち早く、天下に号令をかけるようになったのが曹操。南方では呉の孫権が力を蓄えてきた。その狭間《はざま》を縫うように現れたのが諸葛亮孔明《しょかつりょうこうめい》を軍師として擁する劉備玄徳《りゅうびげんとく》である。劉備は、新野《しんや》の牧（地方長官）だったころ、大望を抱いてもなかなか果たせなかった。劉備は人を惹《ひ》きつける仁徳を持ち、一騎当千の勇者を従えていたが、明確なビジョンとそれを実行に移す頭脳を持つ人物――軍師がいなかった。かれ自身、そのことをよく知っていたので、人材を渇望していた。優秀な人材であっても、経世済民の志なきものは容《い》れない。そんな節操も邪魔をしていたかもしれない。その劉備が賢人たちが口をそろえてほめたたえる田野の人のことを耳にし、三顧の礼を尽くして、その庵《いおり》を訪ねた。

孔明はこのとき初めて持論を展開したという。そのビジョンが世にいう天下三分の計である。曰く、

「中原は、曹操がすでに軍、政を完璧《かんぺき》に整えており、入り込む隙《すき》はありません。翻って江南から江東に目を転じると、孫権が呉の三代目として、多くの賢臣を抱え、人民もよくなついているため、これを破って奪い取ることはできません。こうしてみると、いまや天下は曹操と孫権に二分されて、南北いずれにも踏み入れることはできないように思われます。しかし、未《いま》だ両者の勢力圏外にあるところがあります。それが、荊州《けいしゅう》と益州です」

とまず、強大な二国に荒らされていない新天地を指し示すところから始まる。そして、新天地の魅力を語ったうえで、荊州の領主は優柔不断なうえに老い先が短く、益州の領主は愚《ぐ》昧《まい》で人民は悪政にうめき、名君の出現を待ち望んでいると説く。

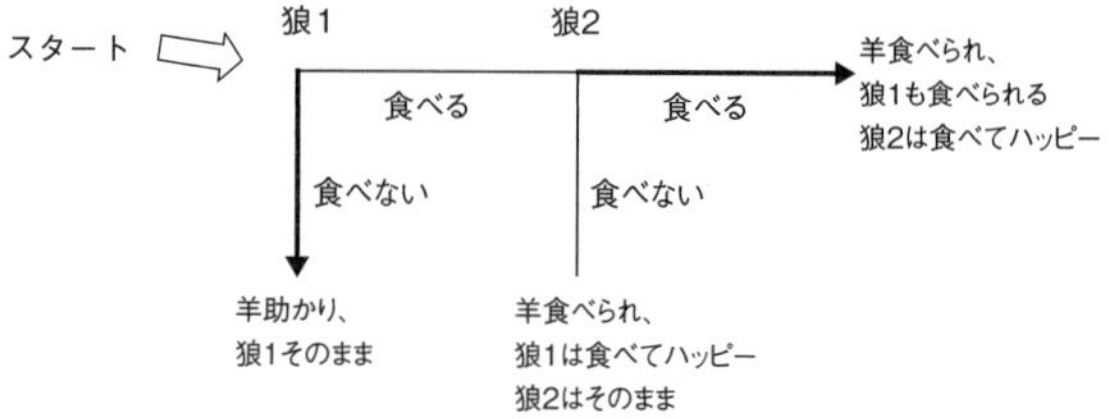

図2-3　羊と２匹の狼

その後の赤壁《せきへき》の戦いは、史上に残る決戦である。曹操の軍は圧倒的な兵力で迫って呉に降服を促すが、呉は劉備と組んで開戦を決する。曹操の軍勢は大軍といえども、水の上の戦には不慣れである。そこで、呉軍は火攻めを計画し、大勝を収める。その隙に乗じた劉備と孔明は荊州を支配下に置くことに成功し、ここにようやく天下三分の計の足がかりができたのである。

そうは言っても曹操と孫権の二大強国にはさまれて、いつ消えるとも知れない小国が用いたのが、両国を互いに牽制《けんせい》させる策である。この論理を羊と狼《おおかみ》のゲームを用いて見ておこう。今、一頭の羊が草を食べている。それを狙《ねら》う狼が二匹。狼にとって、羊をひねり殺すことは朝飯前。哀れな羊は狼の餌食《えじき》になってしまうであろう。ところが、狼はどちらもこの羊に手を出さない。なぜだろうか。一匹の狼が羊を襲って食べてしまうと、腹の中に食べ物がたまって、動きが鈍くなる。場合によっては寝てしまうだろう。このとき、もう一匹の腹をすかした狼は、寝ている狼をがぶり、

うまそう…
たすけて…
一匹がぬけがけしたら…
あッ
羊を食った
狼↓を食うまでよ…
フフフフフ
ってことになるぞ
ひ、ひきょうもの〜
に〜げよっと

とやってしまうかもしれない。もし、狼が十分に知恵の働く動物であったなら、ここは自重するしかあるまい。羊を食べても自分が食べられてしまったら元も子もないからである（狼同士が協力することはないと考えておこう）。羊は恐ろしい狼が一匹ではなく、二匹いることで命拾いしたのである（図2-3）。

では、逆に狼の数が増えれば増えるほど羊は安全なのであろうか。試しに狼が三匹の場合を考えてみよう。先ほどと同様に、肉を食べた狼は寝てしまい、他の狼に狙われる存在になるとしよう。このとき、羊は助かるのであろうか。

それを知るためには、羊を食べた狼の運命を考えなくてはならない。羊を食べた後、残った狼は二匹。この二匹が眼前に寝転がっている狼を襲うか否かがポイントである。もし、一方が羊を食べた狼を襲うと、今度はその狼が食われる番になる。そこで牽制の論理が働く。その牽制の論理に気付いた最初の狼は羊を悠々と食べて寝転がってしまうだろう。哀れな羊は狼の餌食になってしまうのである。

さて、現実には計算がどこかで狂うので、話はそう簡単には進まないが、狼が四匹以上いる場合も考えておこう。まず最後に一匹だけ残った狼は、自分が襲われる心配がないので、寝転がっている狼を襲うことがわかっている。また、二匹残っていた場合には、牽制の論理

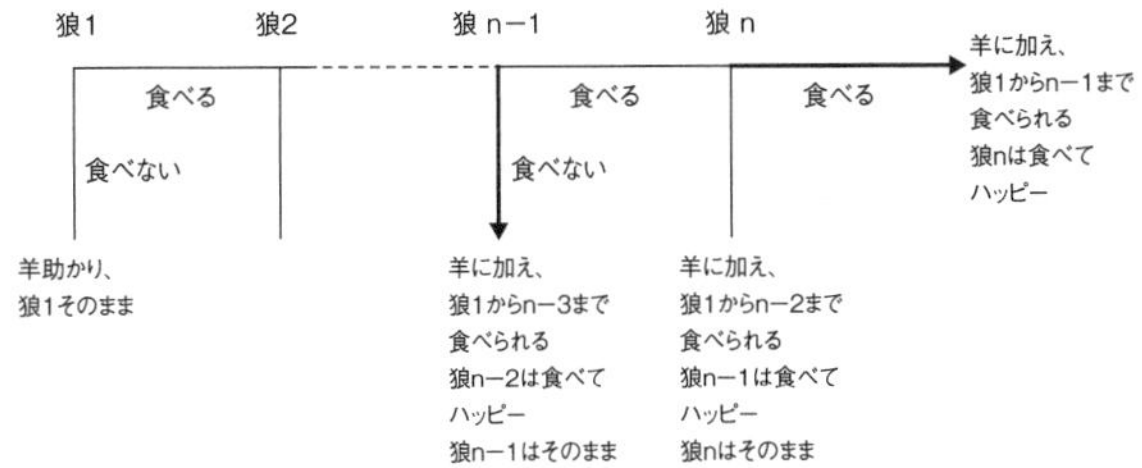

図2-4　羊と大勢の狼

が働いて、寝転がっている狼を襲うことはしない。したがって、三匹残っていた場合には、自分を除いて牽制の論理が働くので、寝転がっている狼を襲う。四匹残っていた場合には、自分が食べてしまうと、残りが三匹となり、食べられてしまうことが予想されるので、襲わない。五匹残っていた場合には、自分が食べても残り四匹だから前の文から襲われないことがわかり、襲ってしまう。……と続けていけば、残っている狼の数が奇数のときには食べてしまい、偶数のときには自重することがわかる。言い換えると最初の狼の数が奇数のときには、羊は狼の餌食になってしまうのに対して、偶数のときには、命拾いするのである（図2-4）。

赤壁の大勝で、逃げまどう曹操を討つ機会があったのにもかかわらず、討ちもらした孔明は、むしろそれを可なりと言う。もし、曹操を討っていたとしたら、呉のみが強国となって、劉備たちの軍勢はひとたまりもなく、飲み込まれてしまう。そこまで読み切れば、曹操を逃すのが上策であったということになろう。

もっとも、三国鼎立《ていりつ》は不安定な状態である。牽制の論理が働いているうちはよいが、いずれ一国が強くなれば他の二国は併呑《へいどん》されてしまうし、一国が弱くなれば、強い二国が仲良く弱小国を二分してしまうかもしれない。当然、天下三分の計は、ひとまずの計であって、最終的な目標ではなかった。孔明は、曹操の魏《ぎ》と孫権の呉を相争わせて、両国の力を殺《そ》ぎながらいずれは魏を奪取し、ついで呉を攻め落とすというところまで構想していたという。実際には、魏と争っているうちに、荊州を呉に奪い取られ、国力が弱まった。孔明の死後、魏を曹氏から奪い取った司馬氏が蜀を滅ぼして晋《しん》を建て、ついで呉も滅ぼし、天下は統一される。その晋も建国からわずか数十年で滅びる。無常。大きな流れの中で、孔明が遺《のこ》したもの、それは何だったのであろうか。

3 デルフィの神託

古代ギリシャでは、大切なことを決めるとき、神のお告げを聞いてそれに従うことが慣《なら》わしになっていた。神のお告げを聞く場所を神託所といい、最も有名なものはデルフィのアポロン神殿であった。

アポロンのお告げは巫女《みこ》の口を通じてもたらされた。巫女は五〇を過ぎた農婦の中から選ばれ、神殿に入る前には泉で身を清める。さらに泉の水を一口飲んで、予言の力をつける。神殿では山羊《やぎ》等の生贄《いけにえ》を捧《ささ》げる。そして、巫女は、神殿の中央にある祭壇で、アヘンやひよす草などを燻《いぶ》した物の香りをかぐ。巫女は半分失神したまま、月桂樹《げっけいじゅ》の葉を噛《か》んで、三脚の上に座る。三脚の下には大地の割れ目があり、火山性のガスが出ていた。巫女はそのガスを吸って神がかりとなり託宣を告げた。それを神官が解釈して板に書き付けたのである。

お告げの内容は直接質問に答えるものではなく、曖昧《あいまい》なものが多かったという。この神託伺いは日常の些細《ささい》な悩みから、王や政治家への託宣もあった。神託伺いは口頭だったが、国家の意思決定など大きな問題については、文書を提出させ、祭司達の討議資料とされた。デルフィの神託所は各国がもたらす情報に基づいて、より的確な判断ができたという。一種の情報センターのような役割も担っていたわけである。

デルフィの神託の影響力はテミストクレスの話に垣間見《かいまみ》られる。紀元前四八〇年、まだアテネがエーゲ海の覇権を握る前のこと。ペルシャのクセルクセス大王がギリシャ遠征を敢行した。圧倒的な大軍の前にギリシャ側はなすすべもなく、どんどん押し込まれていく。そしてペルシャ軍はついにアテネの領土に迫ってきた。陸戦は不可能と見たアテネの指揮官テミストクレスは、アテネを退いて、海上に逃げ、海戦に命運を賭《か》けるべきだという戦略を立てた。しかし、テミストクレスには、海戦に持ち込むために、二つの壁を越えなくてはならなかった。一つはペルシャ海軍と雌雄を決する戦いをするよう、ギリシャ連合軍を説得すること。もう一つは、その前段階として、アテネから離れるよう、アテネの評議会と民会を説得することである。

しかし、祖国を見捨てることなど一筋縄ではいかない。そこで、テミストクレスが利用したのが、デルフィの神託である。その事情を知った神託所はつぎのような託宣を出す。

木の壁のみは汝《なんじ》とその子らを守ることであろう
馬蹄《ばてい》や歩兵たちが汝の地を踏み荒らす前に汝の敵から逃れよ
それでも敵と戦場にてまみえる日は来よう
おお聖なるサラミスよ、その地にて女たちの息子らは滅びん

テミストクレスは、「女たちの息子ら」とはペルシャ方の将兵のことであるから「木の

壁」である船に乗ってペルシャ人と戦うべきだと主張し、説得に成功したのである。

意見が割れてまとまらないとき、鶴《つる》の一声でまとまることがある。日本でも戦国時代の城主は、家臣たちに思う存分議論をさせて、議論が出尽くしたところで意思決定をしていたという。二〇〇九年ころの宰相で他の意見を聞かずに数兆円もの国のお金を使ってしまった人物がいたが、それと比べると戦国時代の城主はかなり民主的だったことがわかる。民主的な国であればあるほど、鶴の一声がないと物事がまとまらない。国家存亡の危機には、だれも何が最良の戦略かわからず、自分の考えを繰り返して議論が平行線を辿《たど》るのである。

城主の一声にも増して、神の一声の威力は大きかったことが予想される。ペルシャ戦争の折、大国ペルシャに本土を蹂躙《じゅうりん》されつつあったギリシャ側は結束して敵に当たる必要があった。しかし、本国アテネを捨てて、海上に逃れ、海戦で勝負をつけようと主張するテミストクレスと、本国を捨てず丘の上の神殿にたてこもって籠城《ろうじょう》戦にもちこもうとする反対派の主張は平行線を辿っていた。戦略の優劣を争っている間にペルシャのクセルクセス大王の軍勢は刻一刻と近づいてくる。そこで、人々はデルフィの神託に従うことを決定する。テミストクレスは、裏から手を回し、デルフィの神官たちの説得に成功し、上で述べたようなお告げを得ることに成功するのである。お告げが一度でも外れると神の威光がなくなるため、神託所はアテネが勝利するということまでは確約しなかった。代わりに「女たちの息子らは滅びん」という、よくもここまで曖昧に言えた、という託宣を出す。この託宣がアテネ方が負けても、ペルシャ方が負けても問題ないことに注意されたい。それでもサラミスというアテネ本土の西に浮かぶ島の名を挙げることで、テミストクレスの案をそれとなく支持したのである。神託は、意見が割れたときにそれをまとめる強力な接着剤の役割を果たしていたことが見てとれよう。

これはノーベル経済学賞を取ったトマス・シェリングの**フォーカル・ポイント（焦点）**の議論とも共通する。待ち合わせをしていたのに、携帯電話を忘れてしまった人を考えてみよう。友だちとは初めて渋谷で落ち合うことになっていたのだが、携帯があると思っていたのでそれ以上のことは決めていなかった。このとき、二人はどこに向かうであろうか。二人がめでたく会うことができさえすればよいのだから、向かう場所はパルコ前でも109前でもどこでもかまわない。しかし、それで本当に会うことができるのであろうか。渋谷で待ち合わせの場所といえば、ハチ公前が思い浮かぶ読者が多いだろう。ハチ公前のあの雑多な感じが好きか嫌いかは問題ではない。相手がどこに自分を探しに来るか、その相手を自分はどこへ探しに行くか、それが問題なのであり、お互いに読み合うことが大切となる。その結果、

表2-5　待ち合わせゲーム渋谷編

渋谷ならハチ公にとりあえず行ってみるという行動を採る人が多くなるのである。

この状況のポイントは、ゲーム理論でも簡単に示すことができる。表2-5を見てみよう。このゲームでは、ケンちゃんとエイコさんは出会えさえすればどちらでもかまわないことが見てとれる。しかし、お互いが「ハチ公前」と考えている場合は、わざわざ「パルコ前」を選ぶこともない、という意味において均衡になっているのである。

しかし、これが新宿となると話が変わる。読者のみなさんなら、このときどこへ向かうであろうか。新宿には、渋谷のハチ公と違って、これといった「ザ・待ち合わせ場所」なるものがない。このとき、待ち合わせ場所を決めずに携帯を忘れたら最悪である。お互いに相手を求めて、さまよい歩くことになるだろう。

このとき、拡声器からメッセージが聞こえてきたらどうであろうか。「サザンテラスで素敵な出会いがあります」でも何でもいい。他に妙案もなく、途方に暮れている二人はだまされたと思ってサザンテラスに行ってみるかもしれない。この場合、二人ともそのような「予兆」によって見事出会うことができる（表2-6）。

神の声は人々の考えや行動をまとめあげるのに効果的なものとなるのである。

☆☆☆

		エイコさん		
		西口交番前	サザンテラス	…
ケンちゃん	西口交番前	1, 1	0, 0	…
	サザンテラス	0, 0	1, 1	…
	⋮	⋮	⋮	⋱

表 2-6　待ち合わせゲーム新宿編

さて、折角なので、神の声の話からはずれるが、背水の陣と同じような論理で考えることができる戦略も出てくるので、ペルシャ戦争の続きの話をしておこう。

このテミストクレスという司令官は、実にしたたかであった。アテネを捨てて、サラミスにたどり着いたアテネ海軍は他のギリシャの盟友たちと討議に入った。この同盟国のうち、ペロポネソスの国々の部隊は、自分の国かわいさにサラミスを放棄して、ペロポネソス半島の応援に回ることを主張。ここでも議論は平行線を辿る。アテネを含め、サラミス近辺の諸国はサラミスに留まることを主張した。ついに、ギリシャ連合艦隊の二倍の勢力を誇るペルシャの大海軍が間近に陣取ったという知らせが届く。

そこで、テミストクレスは、こっそりと会議を抜けだし、腹心の男に言いふくめてペルシャ軍のほうへ小舟で向かわせた。男はペルシャ陣営に着くと、敵の指揮官たちに向かってこう言った。

「わたしはアテネの指揮官から内密に派遣されてきたものです。アテネの指揮官はペルシャ王に心をよせ、ギリシャ軍よりも貴国軍の勝利を願っております。ギリシャ軍は恐れをなして逃亡を計っていること、したがって貴軍におかれましてはこれを見逃さずに襲いかかれば、大きな戦果をあげることは必定ということをお伝えせよ、とのことでございます」

この通報を信じたペルシャ軍は、夜半を待って西翼の部隊をサラミスに向けて進発させ、サラミスの海峡全体を艦船で封鎖したのである。

これはかなり危険な賭けである。通常、戦闘では戦いに負けても全滅しないよう、逃げ道を確保するのが常道である。しかし、この場合は仲間割れという特殊事情があった。逃げ道を残しておけば、ペロポネソスの諸部隊は自国の守りを固めに戦線を離脱しかねない。逃げ道を敵に塞《ふさ》がせることで、テミストクレスは自分の部隊と同時にペロポネソスの諸部隊の逃げ道を断ち、戦闘に向かわざるを得ない状況に持ち込んだのである。第1節で見た背水の陣と同じ原理がここで利用されていることに注目したい。

もちろん逃げ道を塞ぐ裏工作をしたことがばれたら裏切り者としてたいへんな目にあうから、だれにも知られないように行ったのである。そうとは知らないギリシャ軍指揮官の間ではまだ論争が続けられていた。そのとき、味方の船が一隻敵方から脱走してきてサラミスに到着し、このことをみなに語った。指揮官たちは逃げ道を塞がれたために、ようやくここで戦うしかないことを悟ったという。

夜の白むとともに船に乗って外海にこぎだしたギリシャ軍を見て、ペルシャ軍はただちに追ってきた。それでも、テミストクレスは、戦闘開始命令を出さずに、いつものように風が海から吹き、海峡のところで波が立つまでじっとがまんしていた。この風は浅くて低いギリシャの船には影響を与えなかったが、甲板が高くて重いペルシャの船が進もうとするときに吹きつけて船体の向きをそらした。これを見るや、かれは戦闘開始の号令を下した。そして、わき腹を見せた敵船にギリシャの船は激しく舳先《へさき》から突っこんでいった。舳先で敵船に体当たりするのが当時の海戦のやりかただったのである。これによってサラミスのペルシャの船の大部分は、アテネ軍のために壊され、航行できない状態になってしまったのだ。

この激戦でクセルクセス王の弟をはじめ、ペルシャや、その同盟方の名戦士がたくさん戦死した。それに対し、ギリシャ方の死者は少なかった。ギリシャ人は泳ぎができたので、船が沈没してもサラミス島へ泳ぎつけたのに対し、ペルシャ人のほとんどはおぼれてしまったという。しかも、せまい水域で風が吹くなかを逃げようとしたペルシャの船はたがいにぶつかりあい、みじめな最期をとげてしまった。そのため、クセルクセス王はペルシャに退却しなければいけなくなった。世に言うサラミスの海戦である。この大戦で指導力を発揮したアテネはギリシャ世界の盟主として、権力を振るい始める。民主主義帝国アテネ誕生の瞬間でもあった。

第三章　市場編

1　きつねの手ぶくろ

ずっと昔、まだ物心つくかつかないかのころ、お母さんやお父さんに読んでもらった絵本を覚えているだろうか。新美《にいみ》南吉《なんきち》『手ぶくろを買いに』もそんな絵本の一冊だったかもしれない。雪が降り積もった寒い冬の晩にお母さんぎつねが子ぎつねに手ぶくろを買ってやりたいと人間の町に行く。そこでお母さんぎつねは子ぎつねの片手を人間の手に変えてやり、白銅貨を渡してお店に手ぶくろを買いに行かせるんだ。あれほど人間の手のほうを出しなさい、と言われたのに、子ぎつねは肝心なところで店主に逆の手、つまりきつねの手を見せてしまう。でも、店の主人は白銅貨をかちかちと言わせて本物であることを確かめて、子ぎつねにちゃんと手ぶくろを渡す。子ぎつねを心配して待っていたお母さんぎつねは、その話を聞いて「人間ってそんなにいいものかしら」とつぶやく。そんな話だ。

この話を聞いて、店の主人がやさしくてよかったね、とほのぼのすることももちろんOK

だ。しかし、店の主人がやさしくなかったらどうなっていたのだろう。子ぎつねはつかまって、マフラーにされてしまったのだろうか。子ぎつねがマフラーにされなかったのは、店の主人がたまたまやさしかったからではない。店の主人が市場倫理をわきまえていたからだ。白銅貨をもらった主人は、それが本物であったから手ぶくろを代わりに渡したのだ。

あるべき市場の姿がここにある。主人は子ぎつねが人間でなかったからといって分け隔てをするようなことはしない。対価をきちんと払えば子ぎつねだってお客様だ。市場には、姿かたちで分け隔てをされないという安心感がある。

さあ、ここでぼくなりにお話の続きをしてみよう。あるとき、この町の偉い人がきつねにだまされたと騒ぎ出した。どうやら酔っ払って月の光に照らされた落ち葉を金貨と間違えた。それで、自分の持ち物を全部きつねにあげてしまって、代わりに落ち葉の金貨を受け取ったんだ。もちろん、本当はただ単に自分で川に捨ててしまっただけかもしれない。酔いがさめて天にとどくくらい髪の毛が逆立ってしまったこの偉い人はお触れを出す。今後、きつねからお金を受け取ることを禁止する。受け取った者は処罰する。また、そのようにお金を持ってきたきつねはつかまえること、とね。

さて、そんなお触れが出たこととは知らないまま、いつの間にか大きくなった子ぎつねが、ああ、いや子ぎつねじゃない、もうお父さんぎつねだ。そのお父さんぎつねが、ある寒い冬の日自分の子どものために手ぶくろを買ってあげようと思い立つ。昔はね、人間の手に変えてもらって手ぶくろを買いにいったんだ。だけど、そんな必要はもうないんだよ。お父さんぎつねはそう言って、白銅貨を二枚、子ぎつねに渡すんだ。

子ぎつねはおそるおそる、でもお父さんを信じて、お店に行く。だけど、お店の主人はお触れがあるからと手ぶくろを売ってくれないんだ。ここにいるとつかまるからお行き、と店の主人に言われた子ぎつねは、店先でぐずぐずしている。そうこうしているうちに町の偉い人が狩人《かりゅうど》を従えてやってきた。あ、やや、あそこにいるのは白銅貨を手にした子ぎつねだぞ、きっと木の葉のお金に違いない。追いかけろ、つかまえろ、撃ってもかまわん。

…ズダーン…

☆☆☆

経済問題でもゲーム理論は大活躍する。市場は大きなゲームフィールドで、ぼくたち消費者や企業はそこでいろいろな人や企業と関《かか》わりながらさまざまな活動を行うプレイヤーだからだ。不況になるたびに、その市場というフィールドで嵐《あらし》が吹き荒れているから市場を規制しようという議論が盛んになる。ぼくは少し心配だ。市場でモノを売ることができる人を制限したとしてみよう。たとえば、今現在すでにお店を開いている人はいいが、そうでない人は新しくお店を開いてはいけません、というような規制だ。

そうすると、お店をすでに持っている人は新しい競争を心配しなくてもいいから、少し高い値段でモノを売ることができる。店がつぶれる心配もなくなって万々歳だ。それを見た偉い人が倒産も減って景気がよくなったと、さらに他のモノを売っている店についても同じような規制をする。これもまずまずだね、ということで、多くの市場で同じように規制の網をかけたとする。

気がついてみると、新しくお店を出そうにも売れるモノがなくなる。これからがんばって新しいお店を出そうという人は困ってしまう。すでにお店を持っている人とまだ持っていない人の間に格差が作られてしまうのだ。

市場というゲームに参加できるプレイヤーはもう決まっていますから、あなたはプレイできません、と言われてしまうようなものなのである。

正規社員と非正規社員の間にも似たような格差が生じている。小泉改革によって構造改革が進んだ結果、格差が増大したという議論があるが、そもそもそんなに構造改革が進んだのかはあやしい。改革が声高に叫ばれたことは事実だが、それは政治的スローガンとして唱えられただけであり、制度や政策の実態が変わったわけではないような気もする。

格差問題の本質は、年功制によって組織に守られている正社員と、市場で戦い続けなければならない非正社員との間に昔からある「身分差」が、長期経済停滞の下で表に出てきたことにある。

そして、日本の場合、法制度がこの格差を助長している。OECDが現行の雇用法制や過去の判例などを集めて比較したことによって改めて浮き彫りになったのが、日本における正社員と非正社員の保護度合の差である。ごく大雑把に言えば、米国は正社員、非正社員ともに簡単に解雇でき、EU諸国はともに簡単には解雇できない。それに対して、日本では正社員の解雇はEU並みに困難だが、非正社員は米国寄りで比較的解雇しやすい。

この実情を踏まえ、雇用保護法制における格差を減らす必要性では意見の一致が見られるが、正社員の解雇要件を軽減すべきか、非正社員の解雇要件を厳しくすべきかという点では意見が大きく分かれている。

労働者保護への社会的要請は高いが、その動きの多くが、大企業を想定して議論されている。中小企業では、その存続がかかっている以上、「非正社員を正社員として雇え、無給の残業や休日出勤をすべてなくせ」と言っても難しいのである。

大企業に働く人や経営者といった勝ち組の人々は負け組のことはなかなかわからない。強い人こそ身内優先主義を捨て、宮沢賢治の言葉に体現されているような「世界がぜんたい幸福にならないうちは、個人の幸福はあり得ない」という東洋的宇宙観を持つべきかもしれない。強い人も今の社会・経済制度の中で強い立場に置かせてもらっているだけであり、「本当の幸い」は格差が解消しなければ得られないという認識が必要である。これは単なる精神論ではない。正社員と非正社員の間に社会的な格差が大きいと、正社員は非正社員に転落することを恐れて、働きづめに働くことを余儀なくされ、最悪の場合過労死に追い込まれるだろう。格差は非正社員だけでなく、正社員をも追い詰めることになるのである。

ただでさえ、大企業と中小企業、正社員と非正社員との間には格差が生じがちである。雇用保護法制によってこの両者をさらに分断している日本。その格差を解消しようと非正社員の解雇要件を厳しくすれば非正社員にすらなれない人が出てくるであろう。企業は従業員をリストラし、労働組合は働けない人を排除するが、国家は国民をリストラすることも排除することもできない。できるだけ多くの人々を陽の光で包むために、税制、社会保障も含めたシームレスの制度の構築が急がれる。

☆☆☆

実は『手ぶくろを買いに』には前ふりがある。お母さんぎつねがまだ子どもだったころ、いたずらな友だちが農家のあひるを盗もうとして見つかり、命からがら逃げてきた、という経験があるのだ。お母さんぎつねには、あのときと今回の人間の対応の違いがよくわかっていない。市場のルールを守らなかったきつねは痛い目に遭うし、それを守ればたとえきつねでもお客様として扱ってもらえる。それが市場のいいところであり、市場というゲームのルールを知らない人には、市場への参加に当たって、そのルールをきちんと教えておく必要がある。わが国では、市場のしくみやルールについて学ぶ場が少ないが、これこそ実地での訓練のみならず、高校や大学できちんと学ぶ必要があるのである。

そうそう、あのとき鉄砲で撃たれた子ぎつねはどうなっただろう。幸い、弾はそれ、子ぎつねは山へ戻ることができた。でも、驚いた拍子に白銅貨を落としてしまい、おまけに受けた仕打ちにショックを受けてしばらく寝込んでしまった。

心の傷がようやく癒《い》えたころ、一人の人間の男が山へやってきた。どうも男は子ぎつねを探しているらしい。鉄砲もかついでいる。男は子ぎつねの足跡を見つけた。

「どうもこの辺りらしいな」

そう言いながら男が顔を上げると、子ぎつねと一瞬目が合った。

「しまった」

子ぎつねはあわてて身を隠した。男は笑って、ポケットから何か取り出すと、そっとぶなの木の根元に置いて立ち去った。

男が見えなくなってから、子ぎつねがおそるおそる木の根元に近づいてみると、そこにはひとそろいの手ぶくろと紙切れと白銅貨一枚が置いてあった。そして、紙切れには汚い字でこう書いてあった。

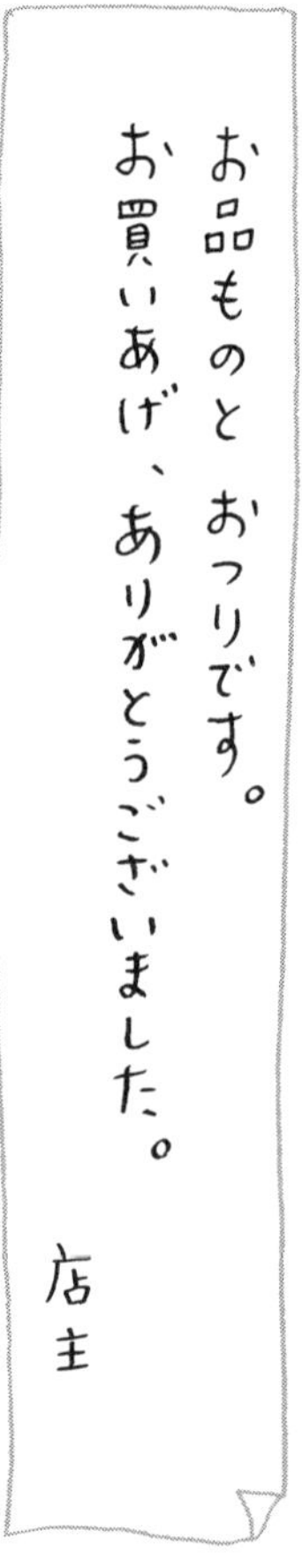
お品ものと おつりです。
お買いあげ、ありがとうございました。
店主

2　参入か否か、それが問題だ

最近、道を歩いていると、昔ガソリンスタンドだった場所が廃墟《はいきょ》と化していたり、他の建物に変わっているのを目にすることがある。ドライブしていると、そういう場所をもっと見つけることができるだろう。ガソリンスタンドは一九九五年の約六万か所をピークに毎年数百店から二千店単位で減少しており、二〇〇八年には約四万二千か所へと約三割も減少した。ガソリンスタンドの廃墟をそこここで目にするわけである。

日本における規制緩和や公企業の民営化は一九八〇年代から一九九〇年代にかけて大きく進展した。その規制緩和策で大きく変わったのが石油業界である。一九八〇年代から日本の石油産業の非効率性が指摘され、その効率化のための施策が議論されてきた。一九九六年にガソリンなどの石油製品の輸入が大幅に自由化され、市場をとりまく環境に大きな変化が訪れる。これによって商社などがガソリンの輸入を進め、市場競争が進むと考えられた。しかし、現実はこの予想を大きく裏切るものとなる。商社など自由化の恩恵を受けるはずの新規参入はほとんど見られず、相変わらず原油を輸入して、日本国内で精製・販売するという、石油精製業者・元売りの寡占体制が維持されたのである。

寡占体制が崩れることがなかったとすれば、より一層の競争を目指したこの規制緩和措置には効果がなかったのであろうか。結論を急ぐ前に当時のガソリンなどの石油製品市場に目を転じてみよう。

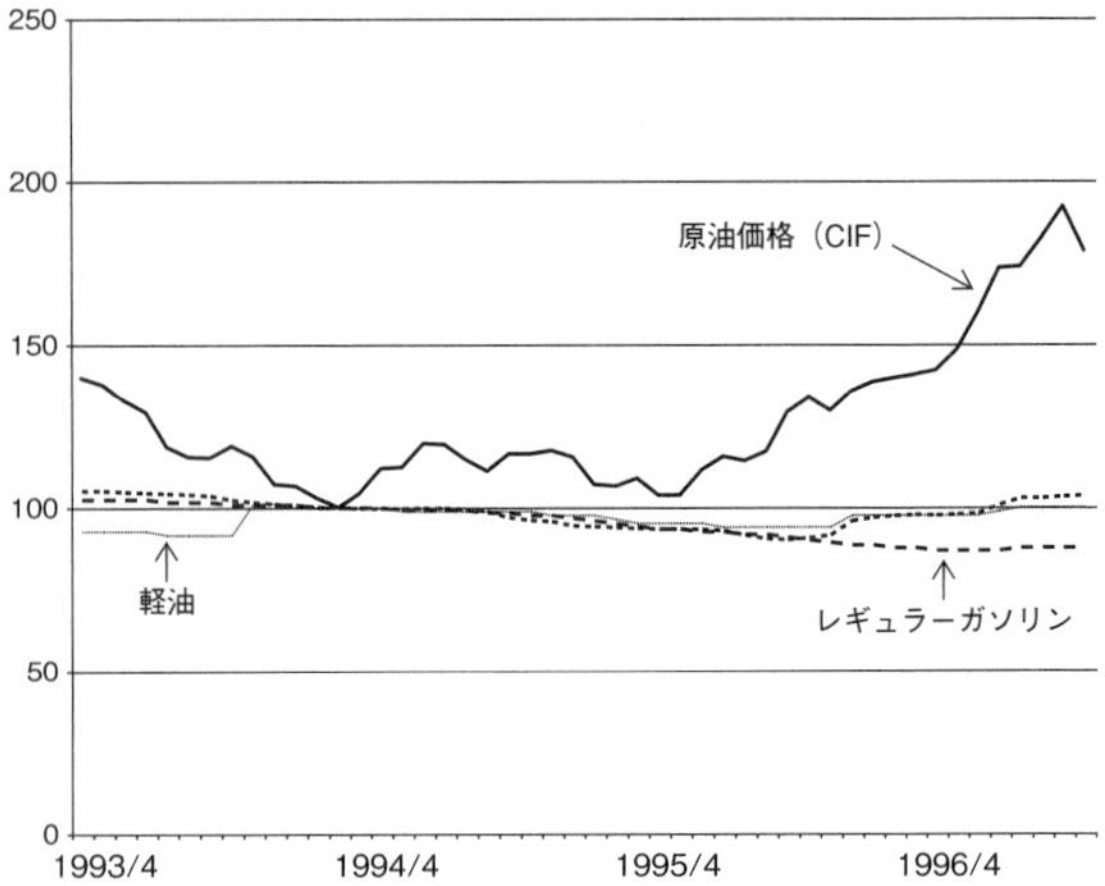

図 3-1　原油価格と石油製品小売価格
（1994 年 4 月を 100 とした変動）

図3―1では、目に見える競争相手は増えていないにもかかわらず、価格に大きな変化が生じていることが見てとれる。一九九四年四月に約一二一円／ℓだったレギュラーガソリンのＳＳ（サービスステーション、ガソリンスタンド）店頭価格の平均（石油情報センター調べ、以下同様）は、一九九八年一二月には約九二円／ℓとなり、三年半あまりの間に二九円／ℓほど下落した。ガソリン価格は原油価格の乱高下にかかわらず一貫して下がっている。二〇〇九年四月に暫定税率が一時廃止となり、体感した方もいるかもしれないが、ガソリンには五三円／ℓの税金

が消費税とは別にかかっているため、SSにとっての価格は実質的に半値以下になったことになる。

この安売り合戦は、とくに特定石油製品輸入暫定措置法（特石法）廃止の方向性が濃厚になった一九九五年初頭から加速してきた。このころSSへの異業種の参入計画が具体化してくる。ほぼ同じ時期にガソリンの末端価格の下落が始まり、この価格競争によって、多くのSSではランニング・コスト割れの状況に追い込まれた。これでは新規参入をしても旨味《うまみ》はなく、ガソリンの輸入およびSSへの参入という異業種各社の計画は腰を折られた格好となった。製品輸入を通じた参入はほとんど生じなかったものの、既存企業の戦略が大きく変化した結果、市場環境に関する予想が大きく変化、価格下落につながったのである。

規制緩和や自由化に伴う最も大きな変化は、新規参入による競争の激化によってもたらされるのではなく、すでに大きなシェアを持って市場にいる既存企業の行動の変化によってもたらされることが多い。特石法廃止前後のSSの戦略が典型的な例である。このような市場行動は参入阻止行動と呼ばれており、参入自由化の参入なき効果と考えられている。

この状況は既存企業と参入企業の間のゲームとして捉《とら》えることができる。この状況は、既存企業が先手を取るようなゲームとして表現するのが便利である。図3-2は本質的な部分

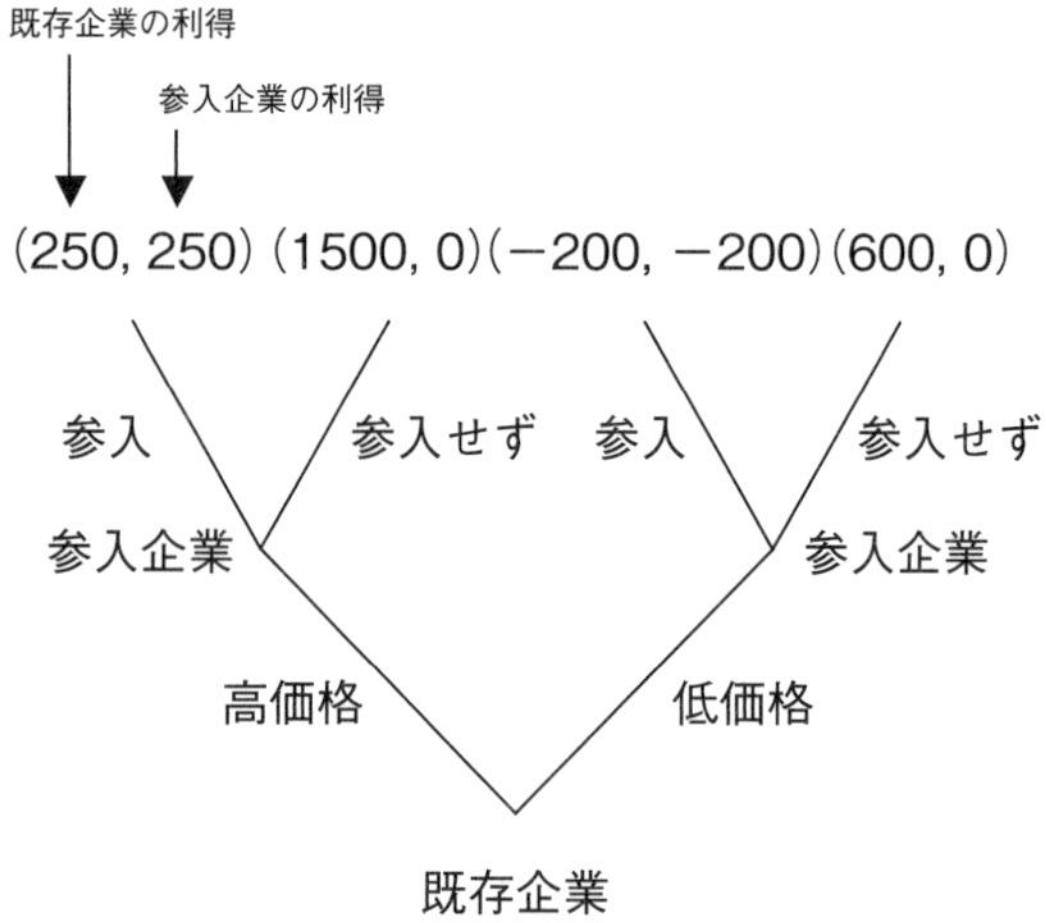

図 3-2　既存企業 vs 参入企業

を簡潔に表したものである。

今、ある企業（参入企業と呼ぶ）が参入を検討しているとして、既存企業が高価格をつけていた場合と低価格をつけていた場合を比較してみよう。既存企業が高価格をつけていれば、参入企業は参入することによって、２５０という正の利潤をあげることができるが、低価格をつけていた場合には、参入の旨味はなく、−200の利得、すなわち赤字が発生するとしよう。一方、既存企業は、参入企業がいる場合には、高価格をつけていたほうが得で、いない場合も同様に高価格をつけていたほうが得であるとしよう。このとき、各企業はどのような戦略を採るであろうか。

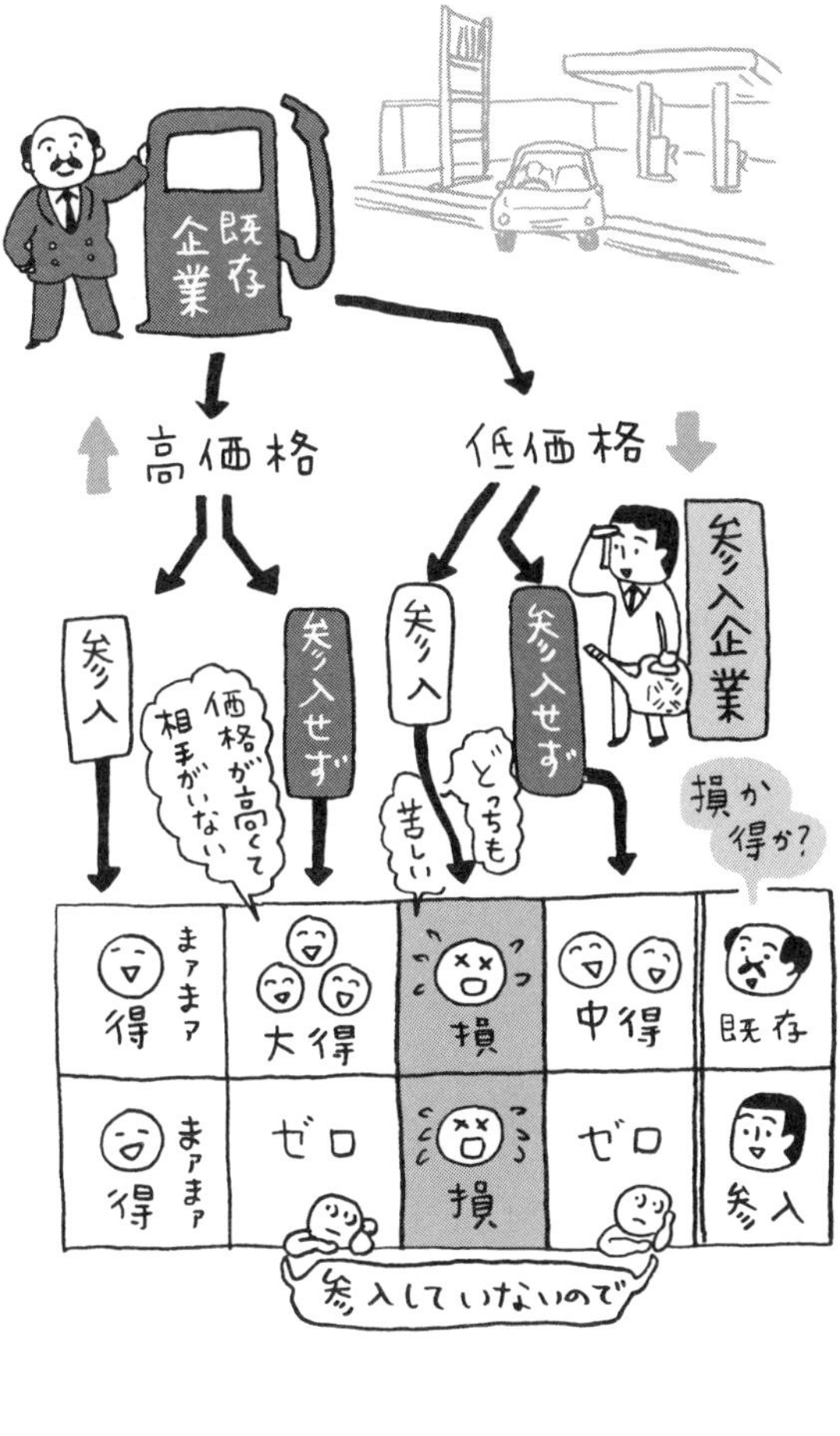

既存企業
高価格
低価格
参入企業
参入
価格が高くて相手がいない
参入せず
参入
苦しい
どっちも
参入せず
損か得か?
まァまァ得
大得
損
中得
既存
まァまァ得
ゼロ
損
ゼロ
参入
参入していないので

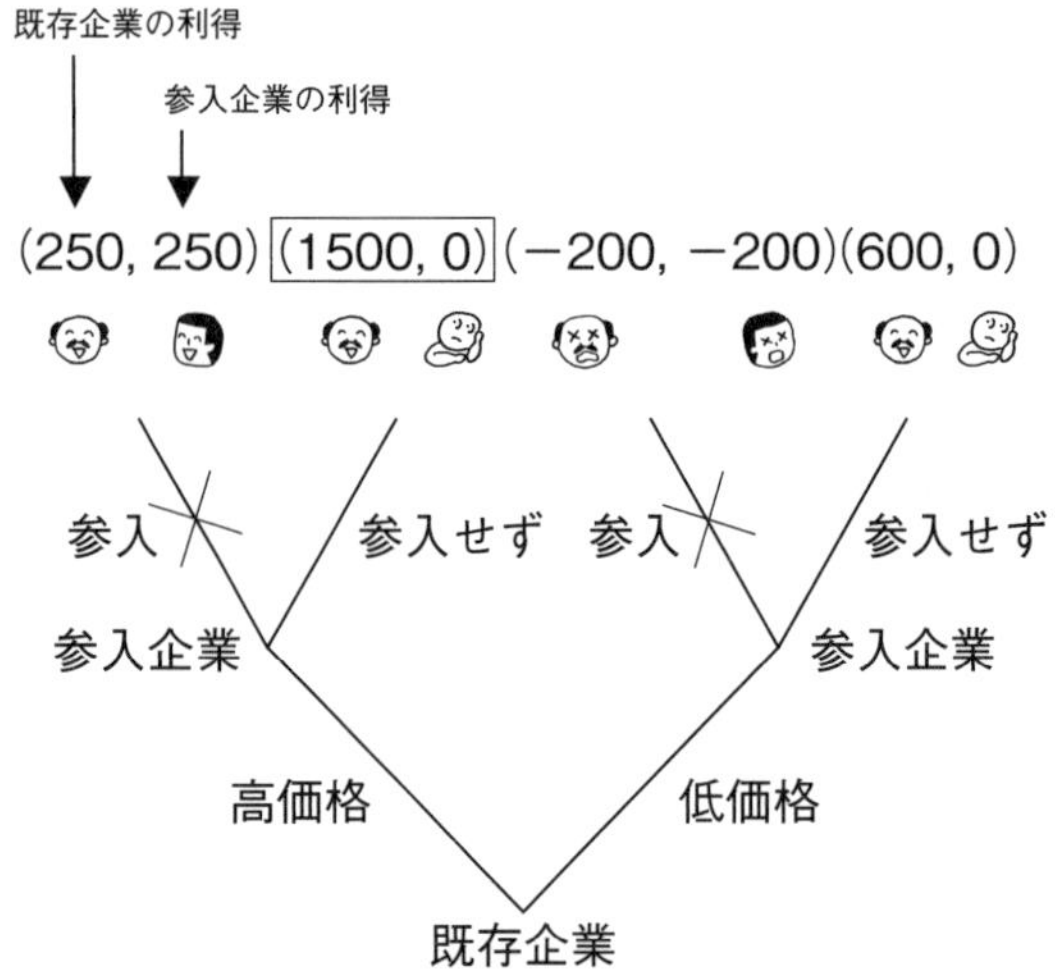

図3-3　参入規制があるケース

囚人のジレンマ（第一章3節共有地の悲劇の項参照）で見たように、既存企業は、参入される場合でも参入されない場合でも高価格のほうが高い利潤が得られるのであれば、高価格をつけるようにも思われる。しかし、この論理は一つ重要な点を見落としている。囚人のジレンマと異なり、参入企業は既存企業の戦略に反応して、応手《おうしゅ》を決めるという点である。両企業はそれぞれ、相手がこうきたらこういく、とか、こういったら相手はこういく、といったことを読みながら手を打っていくのである。したがって、既存企業による高価格か低価格かの意思決定は、参入企業の応手を考えながら行われなけ

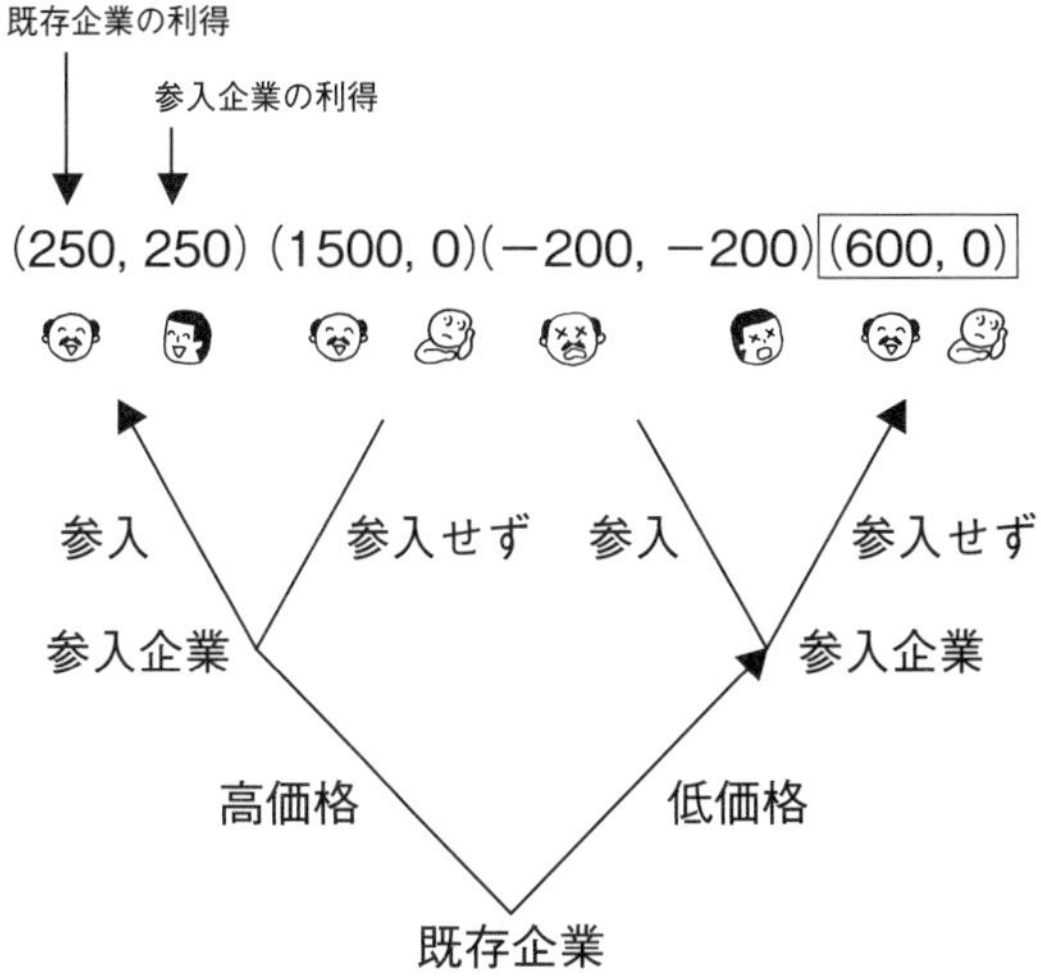

図3-4　参入自由化のケース

ればならない。

そこで、まず簡単なケースとして、参入が規制されている場合を考えてみよう（図3-3参照）。この状況は、参入企業が「参入せず」を自動的に選ぶ状況に対応している。したがって、既存企業は、高価格を選べば1500、低価格を選べば600だけの利潤をあげられることになり、高価格を選ぶことになる。

ではつぎに、参入規制が撤廃された場合のことを考えてみよう。今度は、参入企業は「参入」もオプションに入っているので、既存企業の戦略に反応する形で自分の行動を決めることになる。図3-4の数字を比較して、既存企業が高価格を採っているのであれば参入し、低価格を採っているのであれば参入をしないことがわかる。

このような参入企業の応手が予想されるとき、既存企業はどのような手を採るであろうか。高価格をつければ参入を招いて利潤は250、それに対して低価格をつけておけば、参入企業は参入を躊躇《ちゅうちょ》するので、600だけの利潤が得られる。この予想を勘案すれば、低価格をつけるのが得策ということがわかるであろう。このように、後手のほうから解いていく解き方を**バックワード・インダクション**という。

ここで見たゲームは既存企業が一社しかいないケースであるため、つぎのような議論が成り立ち得る。参入前後で価格を変えることは一般には可能なため、参入した後で既存企業が価格を付け替えられるとしたほうが現実的である。したがって参入の有無の意思決定を考える場合には、参入がなされた後に既存企業が価格をつけるというゲームにしたほうがよい。その場合は、上記のゲームとは異なる結果になるのではないか。

実際、図3-5のように、参入企業の参入の有無に合わせて、既存企業がその価格戦略を調整する場合には、バックワード・インダクションの結果は、矢印のようになり、参入企業は参入して、既存企業が譲歩して高価格をつけるというものになる。

では、SSのケースではなぜ、このような状況にならずに、最初のケースのようになった

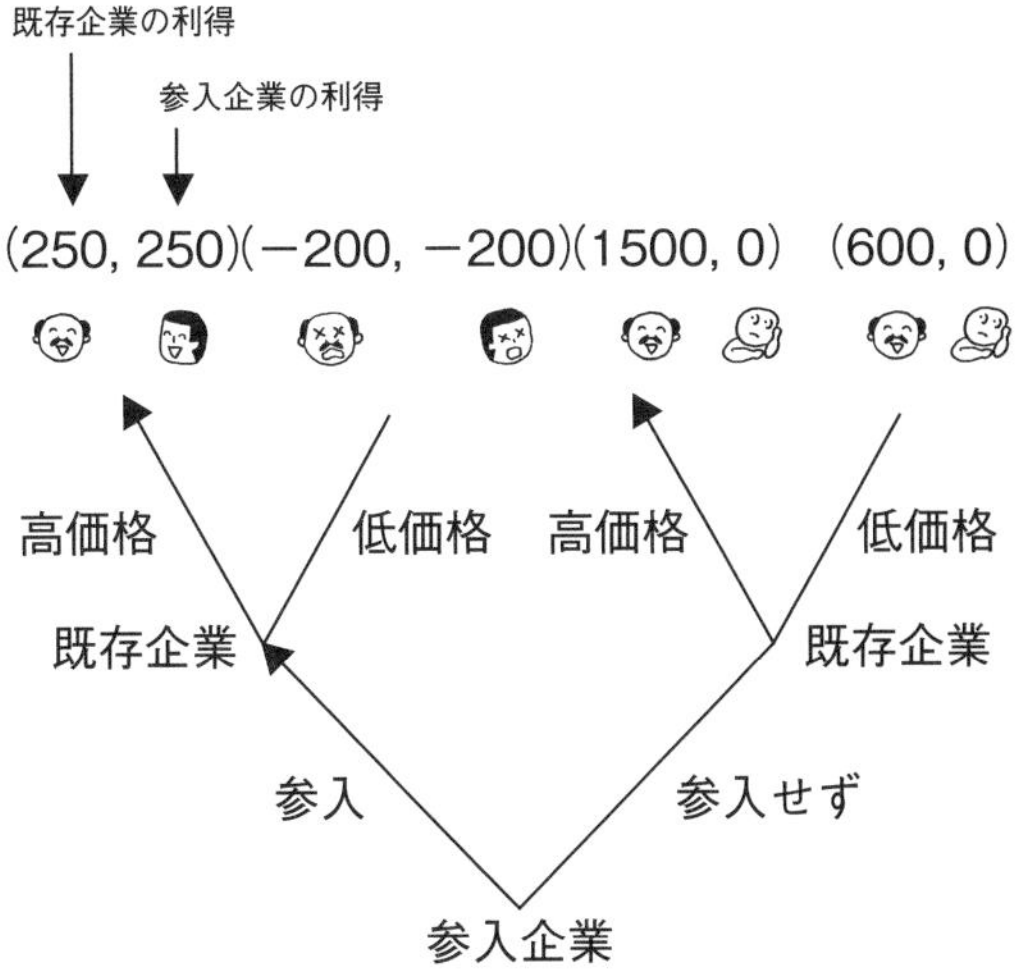

図 3-5　参入企業が先手のケース

のであろうか。最大の理由はSSが独占ではなく、ライバルがいる状況にいたからである。それなりに暗黙の――場合によっては明示的な談合による――合意によって高価格が維持されていた状態から、参入自由化の報《しら》せによって、これ以上高価格が維持できないだろうという危惧《きぐ》が生まれた瞬間、合意は破られ、われさきにと生存競争に走ったのである。その結果、値崩れが発生するとともに、元の仲良しクラブ的な高価格維持には戻れなくなってしまった。このことが皮肉にも、参入が起こっても昔のように高い価格に戻ることはないという予想を抱かせるに至り、参入が進まなかったのである。

3　折れた翼

二〇〇〇年の夏、ぼくは初めて北海道を旅行した。千歳《ちとせ》空港に入り、レンタカーを借りて、釧路《くしろ》湿原や知床《しれとこ》まで足を伸ばした。釧路湿原では、草むらでがさっという大きな音に熊《くま》が出たかと背筋が寒くなり、知床では羅臼岳《らうすだけ》に登って、国後島《くなしり》を臨んだ。雄大な自然に触れて、気持ちも大きくなって帰ってきた。

前から北海道へは行ってみたかったのだが、いかんせん旅費が高い。時間のない大人は「青春18きっぷ」に頼るわけにもいかず、飛行機で行くことになるわけだが、片道二万五千円、妻と二人で往復一〇万円は痛すぎる。そんなとき、エア・ドゥの広告を見つけた。片道一万円。うん、これで行かなければ一生行かない。経済学者なら、価格が安くなったときは利用しなくちゃ、という妙な義務感を発揮して、早速航空券を買ったのであった。

そのエア・ドゥが二〇〇二年の夏につぶれた。羽田―千歳間を結ぶ道民の翼として、一九九八年一二月に就航してから三年半後の出来事であった。現在はANAの傘下に入り、運航を続けている。

エア・ドゥに人生を賭《か》けた人々の夢は確かに壮大なものであった。立ち上げを実質的に指揮した浜田輝男《はまだてるお》氏（故人）は、養鶏業で経営手腕を発揮した人物で、「ニワトリが空を飛べるのか」などという揶揄《やゆ》を尻目《しりめ》に、低価格での寡占産業への殴り込みを敢行した。同氏の回顧録『AIR DO—ゼロから挑んだ航空会社』によれば、参入の動機はコストダウンの努力を怠ってきた航空業界に競争を持ち込むことであったという。鶏卵は物価の優等生と言われるように、数十年間価格がほとんど変わっていない。その裏には激しいコストダウン競争とそれを支える経営努力があるという。それに加え、北海道にフロンティア・スピリットを呼びさまし、忘れかけていた道民の開拓者魂を発揮させることができたとの自負があった。

そのエア・ドゥが破綻《はたん》した。エア・ドゥ側は新規参入企業に対するイコール・フッティング（対等条件）での競争環境が整っていなかったとして、航空行政を批判し、航空行政側はコストダウンといいつつも、高コスト体質から抜け出せなかったエア・ドゥを批判。責任の押し付け合いに終始した。

浜田氏によれば、エア・ドゥがお手本としたのは、米国で現在でも業績好調な航空会社、サウスウエスト航空である。サウスウエスト航空は一九七一年に就航した新規参入企業だ。そのサウスウエスト航空が成功して、エア・ドゥが失敗したのはなぜか。日米の航空行政の違いなのか。たまたま経営手腕に違いがあったのか。浜田氏の急逝が原因か。それもあるだろう。失敗も成功もひとつの要因で語れるほど単純ではない。しかし、これまでの議論で、あまり重視されてこなかった決定的な違いがある。それは既存企業の動きに関する読みである。この点をゲーム理論を用いて読み解いていこう。

サウスウエスト航空は、まずテキサス州内の都市間航空として就航を開始した。もちろん、地方の競争相手はいたが、いきなり国際線を飛ばすような巨人との競争には挑んでいない。テキサス州は日本の面積より大きく、ダラス、ヒューストン、サン・アントニオという三つの地方都市を抱える。これらの地方都市を結ぶ航空会社を作ろうというのが、当初の発想であった。全米に路線ネットワークを持つに至った現在でもドル箱路線には敢《あ》えて参入せず、地方都市間航空会社という当初の理念を守り続けている。

翻って、エア・ドゥはどうか。道民の翼として参入路線に選んだのは羽田―千歳という世界有数のドル箱路線である。ここには、当時すでにJAL、ANA、JASの三社が運航していた（現在JALとJASは経営統合している）。JALとANAはいずれも巨人。サウスウエスト航空が相手にした地方航空会社とは格が違う。サウスウエスト航空は新規参入の鉄則であるニッチ路線（需要の少ない隙間《すきま》路線）への参入を果たしたのに対し、エア・ドゥはいきなりドル箱路線に参入してしまったのである。

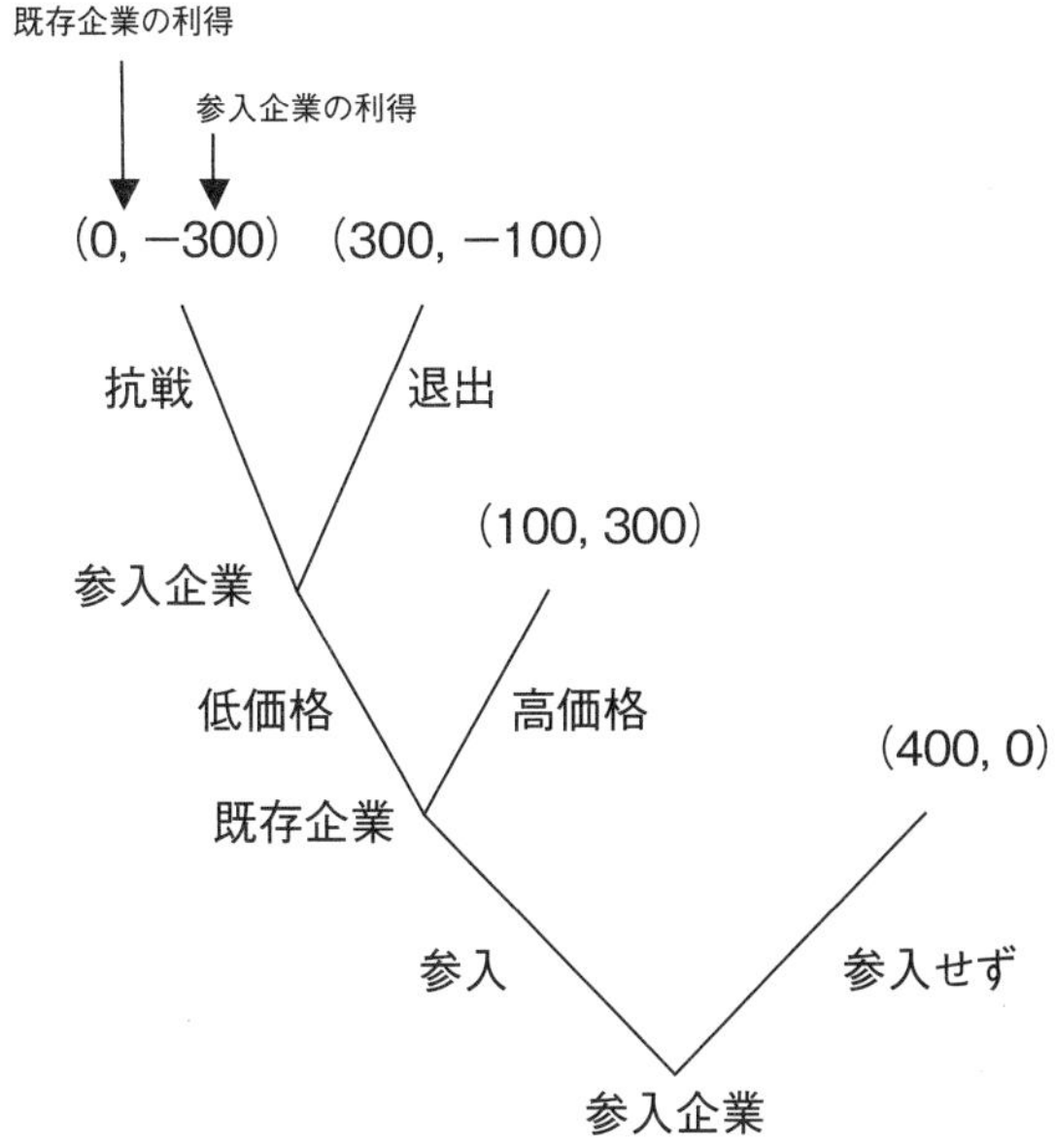

図3-6　参入阻止ゲーム（ドル箱路線）

その結果何が起こったか。既存企業は、それまで二万円を優に超えていた片道運賃をエア・ドゥが発着する時間帯の便のみエア・ドゥの価格に合わせ、一万六千円に引き下げてきた。価格戦争の勃発《ぼっぱつ》である。

このとき、既存企業にはすでに価格競争をしないときのデメリットと価格競争をしたときのメリットが見えていたのではないか。一万六千円と二万数千円との競争では、いくら大手といえども勝ち目はない。既存企業としても何らかの低価格戦略を採らざるを得なかったのではないか。図3–6はその辺りのことを勘案して作ったゲームである。

このゲームを前節の分析に倣って解くと、図3–7のようになる。この場合の参入企業にとっての正解は「参入せず」ということになり、夢はともかくビジネスモデルとしては破綻していることが見てとれる。

では、正解として「参入」が出てくる目はあったのであろうか。すでに大手が構えているドル箱路線の羽田─千歳間は難しかったのではないか。他の目はどうであろう。あり得るとすれば、サウスウエストのようなニッチ路線への参入であろう。ただし、サウスウエストの場合、ダラスとヒューストンはそれぞれ周辺を入れれば五〇〇万都市である。かたや北海道は全体の人口が五〇〇万人。仮に、函館《はこだて》、釧路、札幌《さっぽろ》を結んだとして採算が合うか否かは不明である。

とすれば、一部の識者が述べるように、旭川《あさひかわ》など道内の地方都市と羽田を結ぶ路線への参入がビジネスモデルとしては現実的だったかもしれない。もっともこれとても、大手の反発を招かないとは限らない。しかし、ポイントは明らかである。大手が価格競争を仕掛けてきたら、太刀《たち》打ちは難しいこと。それを避けるためにはニッチ市場を見出すことが必要である

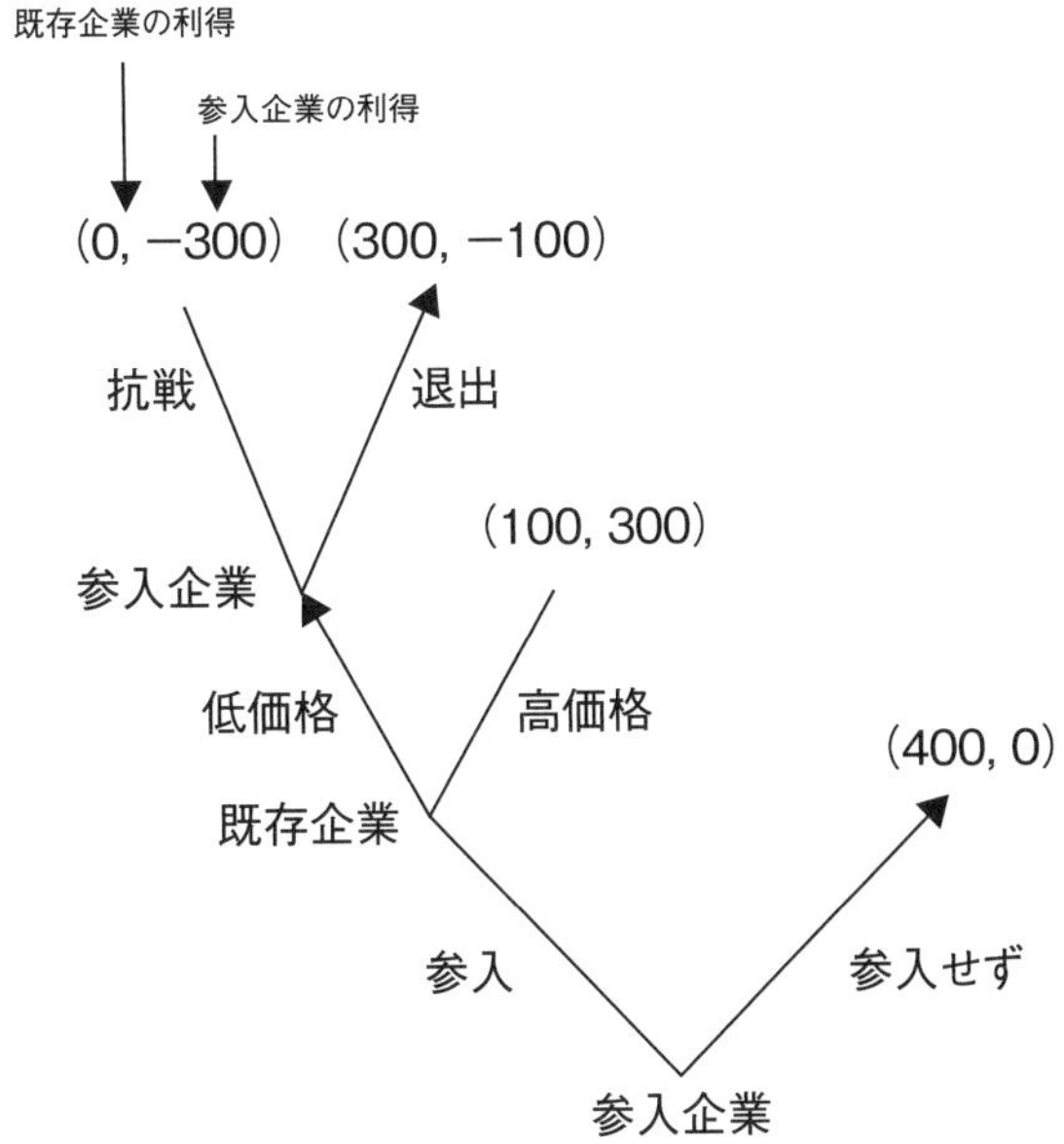

図 3-7　参入阻止ゲーム（ドル箱路線）

こと。この二つの点を肝に銘じることで、成功の可能性は飛躍的に上昇する。

もし、ドル箱路線でなく、ニッチ路線に参入していたとしたらどうなったであろうか。まずニッチ路線であれば、千歳—羽田線ほどの資金は必要なかったであろう。エア・ドゥがリースした（借りた）Ｂ７６７は二八〇席もある準大型機で一日三〇〇万円のリース料（借入にかかる料金）が発生したという。かのサウスウエスト航空が参入時に採用したのが一八〇席あまり

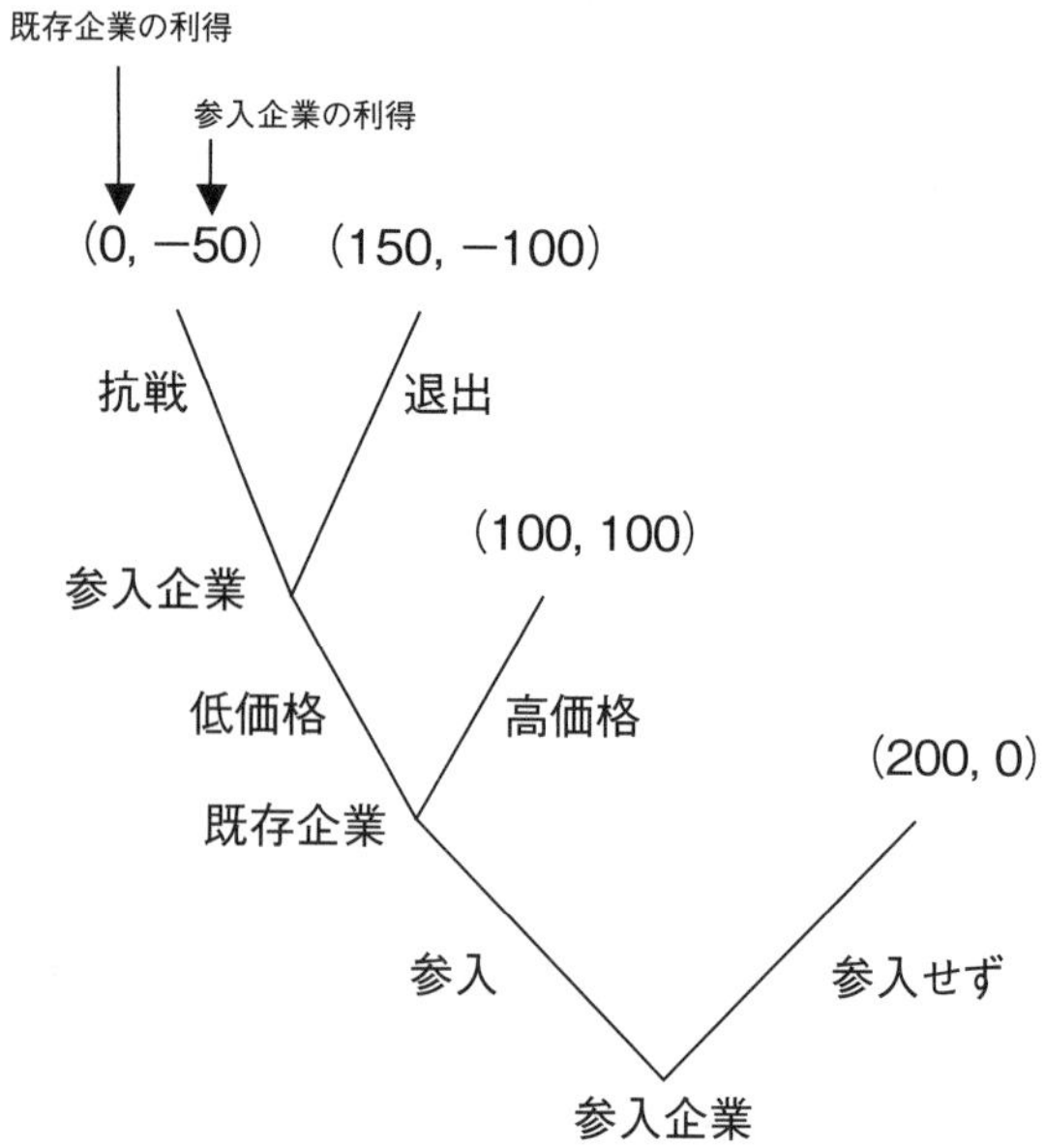

図3-8　参入阻止ゲーム（ニッチ路線）

のB737型だったというから、飛ばす燃料代だけでもかなり無理をしたことになる。ニッチ路線であれば、B737の中でも安価な小型機ですみ、燃料代もそれほどかさまずにすんだと予想される。

市場規模が小さいということは利潤もそれだけ小さく、その割りに退出したときの損失は資本をすべて失うという意味で、相対的に大きくなるだろう。その反面、市場に居残ったときにかかる費用が少額ですむという利点がある。

図3‐8はこの辺りの事情を勘案して修正を施したゲームである。この状況では、参入企業はもし既存企業が低価格攻勢をかけてきたとしても、退出して資本金を失うよりは、抗戦して損失を最小限にとどめたほうが得策ということになる。それを読み込んだ既存企業は低価格攻勢をかけずに、あるいは攻勢をかけても落とせないと判断した時点で、攻勢を止《や》めることになる。そこまで読み切れば「参入」が正解になるのである。

夢がなければ何のためにビジネスをしているのか、仕事をしているのかもわからない。やらずに後悔するよりは、やって後悔したほうがいい。夢と実現可能性の狭間《はざま》で思い切り悩むのもチャレンジ精神に満ちた人間たちの特権かもしれない。それでも、夢を見続けるためには、相手を読む目が必要になる。天下三分の計に学ばずに、超大国の首都を攻撃するにも似た行動を採ってしまったエア・ドゥは高い授業料を払う羽目になってしまったのである。

4　コンパスより折り紙

正月、節分、七夕《たなばた》、七五三。日本人は外国人に負けず劣らず伝統行事を大切にしてきた。その伝統文化がグローバル化の中で蝕《むしば》まれている。伝統は発展にとって障害となるだけなのであろうか。伝統はグローバル化する経済の中でも日本の「強み」となり得るのだろうか。それとも伝統はぼくらが郷愁を感じつつも滅び行く絶滅危惧種となるのであろうか。

日本の伝統文化の一つ、折り紙。その造形的な美しさと幾何学的な美しさを兼ね備えた美がぼくは好きだ。正方形を切り出した後は、はさみものりも使わないというところにも、こだわりの美学を感じる。

折り紙を使った数学で、とても気に入っているものがある。それは折り紙を使うとどのような角度も三等分できてしまうということである。これはすごいことだ。ぼくらは学校で、コンパスと定規を使う西洋流の作図では任意の角の三等分はできないと教わってきた。西洋流の考え方にどっぷり浸《つ》かったぼくも、それを当然のように思っていた。

しかし、折り紙は違った。西洋流の作図ではいかんともし難い角の三等分を難なくなしとげてしまったのである。これを考案した人は――もしあればの話であるが――ノーベル賞かフィールズ賞、もしくは京都賞を与えてもいいというくらい興奮ものの話である。

その折り方を載せておくので、紙を探してきて、自ら味わってほしい。西洋の合理的な思考ではなし得ないことを日本の折り紙が打ち破ったこの素晴らしさは日本の伝統社会の素晴らしさを彷彿《ほうふつ》とさせる（図3-9）。

伝統は企業社会でも息づいている。野村進『千年、働いてきました――老舗《しにせ》企業大国ニッポン』によると、日本は世界有数の老舗社会で、社歴二〇〇年を超える会社や商店は約三〇〇〇社ある。それに対し、中国は九社、インドは三社、韓国《かんこく》はゼロで、ヨーロッパ最多のドイツでさえ、八〇〇社を数えるにすぎないという。さらに、大阪《おおさか》には飛鳥《あすか》時代から続く世界最古にして最長寿の会社もあるという。神社仏閣の建築を担ってきた金剛組である。同氏が老舗の強さの秘訣《ひけつ》として挙げるのが、「適応力」「本業力」「許容力」の三つである。

適応力とは時代の要請に応じて新しいものを作り出す能力のことである。目まぐるしく新製品が発売される携帯電話でも、社歴一〇〇年を超える複数の貴金属関連の老舗企業が製作した部品が不可欠だという。たとえば、ケータイの折り曲げ部分。ここには、京都にある創業なんと三〇〇年の、もともとは金箔《きんぱく》屋さんだった会社の技術が活《い》かされている。ケータイのバイブ機能になくてはならない特殊な極小ブラシを作っているのは、百数十年前の開業当時、東京の日本橋で両替商をしていた会社。さらにケータイの心臓部にあたる発信器は、神奈川の老舗企業が開発し、世界的な特許を持っている部品だという。本業力も重要である。本業からはずれた安易な多角化こそ、老舗の落とし穴にほかならない。先の携帯電話の老舗部品メーカーのケースでも貴金属加工という本業にこだわったことが生き残りに結びついた。

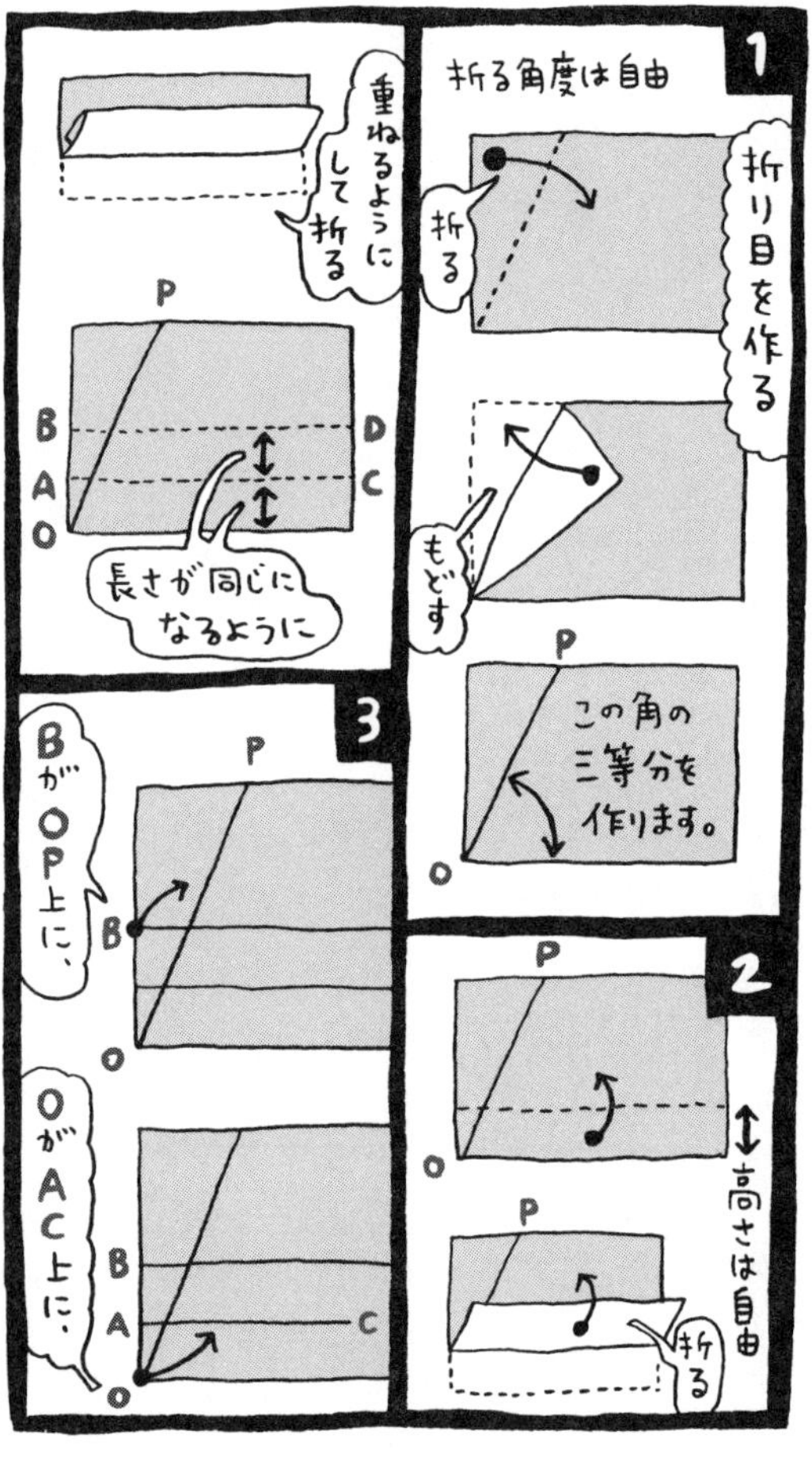

図 3-9　折り紙で角を三等分する

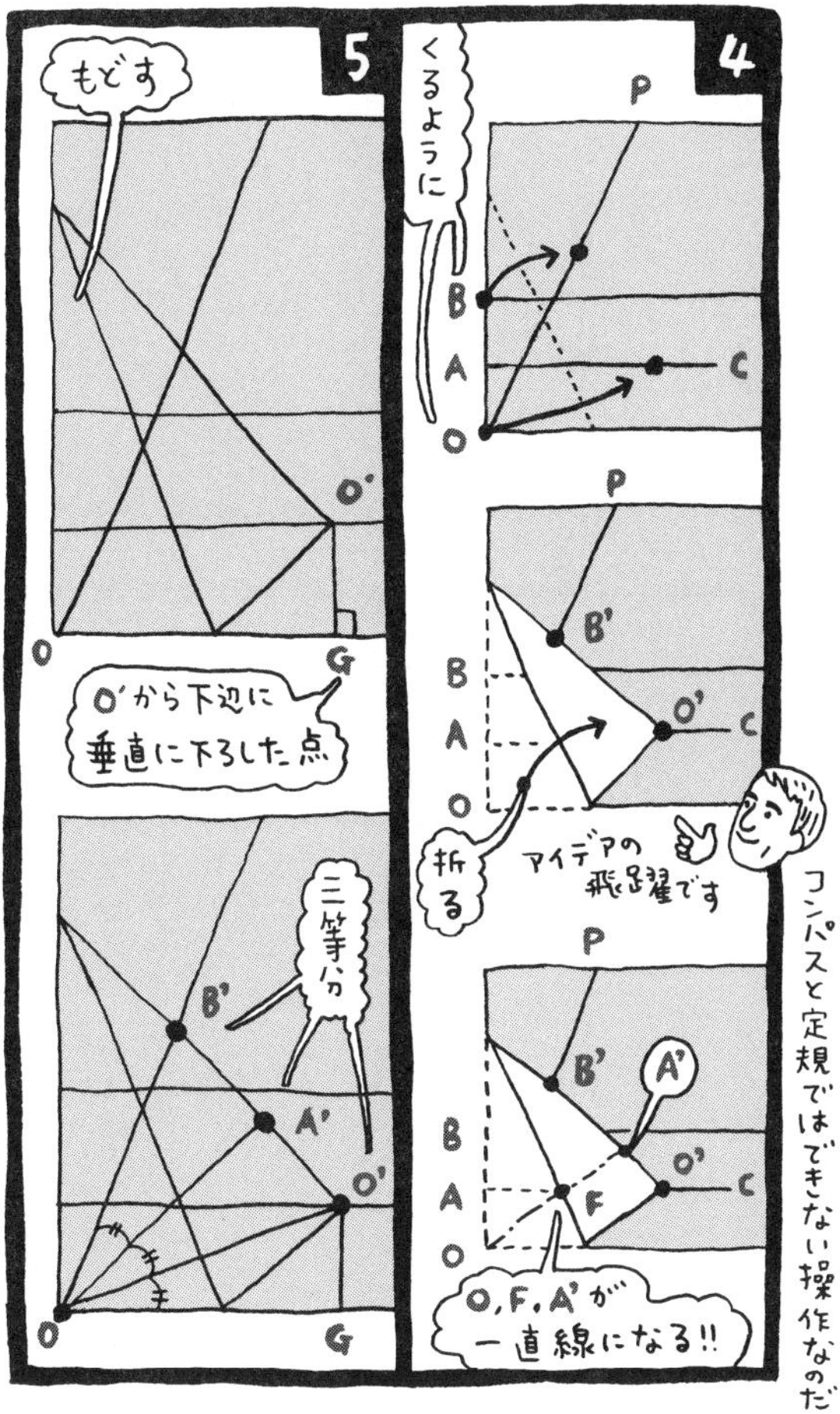

△OA′B′、△OA′O′、△OGO′の３つの三角形は合同であるので、∠B′OA′と∠A′OO′と∠O′OGは等しい。

では、なぜ日本にはかくも老舗が多いのか。「有能な他人よりも無能な血族を信頼せよ」という格言のある華人社会。それに対し、「息子は選べんが、婿は選べる」という言葉が残る大阪をはじめ、日本にはたとえ他人でも、これと見込んだ人物を引き上げる許容力が存在した。そして、その許容力を支えたものこそが職人気質だったのではないか。日本やドイツでは血のつながりのない弟子を我が子同様に育《はぐく》み、血縁にとらわれずに評価する職人気質の風土が伝統的にあり、それが老舗を支える力となったのかもしれない。

とはいえ、近年、日本社会や日本人は師匠と弟子、経営者と従業員といった人と人のつながりを「しがらみ」として断ち切ってきた。そこに入り込んできたのが西欧の個人主義である。しかし、人はひとりでは生きられない。個人主義の下では個々人が責任を持つだけでなく、人々がバラバラにならないための努力と工夫が必要である。西欧、とくにアングロ＝サクソン系の個人主義は、個人を単位としつつも個と個のつながりをつなぎとめようとする工夫を凝らした個人主義である。それにもかかわらず、自我と社会との間の曖昧《あいまい》さを体得してきた日本人が頭で学んだ個人主義は、何か過ちを犯したとき、謝り、周りに身を委《ゆだ》ねる代わりに、他人に責任をなすりつけるだけの他罰的なものになってしまった。

人と人のつながりを忘れ、誤った個人主義に陥るとき、老舗は老舗であることを止める。

ひところ世間を騒がせた老舗の食物偽装事件では偽装そのものだけでなく、偽装発覚後に現場に罪をなすりつけようとした経営者の態度にがっかりした人が多いだろう。老舗は経営者や従業員に加え、顧客、商売敵といった世間によって鍛えられ、支えられている。そのことを忘れ、人を見下すような経営体質になったとき、老舗とは名ばかりの「死に体」となってしまうのである。

老舗や伝統芸能の世界に見られるように、日本は人と人、人と世間（社会）のつながりを契約に頼ることなく自然に構築し、それを活用できる社会である。このような社会の利点は、ゲーム理論でも証明されている。関係者の間に長期的なつながりのある社会では、そのつながりを壊すような裏切りや評判を落とす行為を自粛する**インセンティブ**が働きやすい。今日ほんの少し得をしても、裏切りがばれれば、取引相手や世間から「しっぺ返し」を受けることで将来の利得を失ってしまうからである。

この考え方は老舗にだけ当てはまるわけではない。当時、商工中金の広報室長だったウエシマ氏は、長期的関係を軸とした地域密着型金融の利点をぼくに教えてくれた。大企業と異なり、情報開示が不十分な中小企業に対する融資は、長期的関係が決定的に重要な役割を果たすという。ゲーム理論的に言えば、スポット的な関係だと情報の非対称性等の問題によって良質な企業とそうでない企業との選別が困難だが、長期的関係を構築していくことで融資先企業の実情の把握が可能となり、良質な企業には好条件で融資が可能となるなど双方にとって望ましい状況が生まれるというわけである。

この点をもう少し見ておこう。今一度登場願うのは例の囚人のジレンマの変形版である。ある店が客と長い関係にあったとしよう。老舗と常連客といったところである。この店が一時の欲に目がくらんで、低品質のモノを売れば一時的には3という高い利得が得られる。ところが、これはやがて客にばれることになって、客はこの店からは「買わない」ことになる。仮に一回きりでばれるとすると、この店は3を今日得て、明日以降は0の利得しか得られなくなる。すなわち、

3、0、0、0、…

が利得の流列になる。これに対して、高品質を守り続ければ客はこの店で買い続け、店の利得の流列は、

1、1、1、1、…

となる。将来のことを慮《おもんぱか》る老舗であれば、どちらを採るかは自明の理であろう。信用というのは、決して古めかしい伝統に縛られて生まれたものではない。その裏にはきちんとし

		客	
		買う	買わない
店	高品質	1, 1	0, 0
	低品質	3, −1	0, 0

表3-10　店と客

た論理が隠れているのである（表3―10）。

経済学を持ち出すまでもなく、他国企業と同じことをやっていただけでは利潤は生まれない。グローバル化の中で日本の埋没感が高まっていると言われる今こそ、日本の強みである人や社会とのつながりを作る力を見直すときかもしれない。

先日、本郷にあるおりがみ会館に行ったら、日本人よりも外国人の姿のほうが目についた。今や相撲《すもう》の上位陣も外国人力士ばかり。うかうかしていると日本の伝統の素晴らしさを伝えていくのは外国人ばかり、ということにもなりかねない。

5　顔の見える競争

ぼくはどうも競争相手の顔が見えていないと、やる気が起きない。小学生のときからどこへ行っても自分より成績のいい奴《やつ》がいたが、ライバルだと感じなかったので、やる気が起きなかった。成績に興味がなかったのかもしれない。実際、高校受験で一番辛《つら》かったのは、勉強はできないくせに、ライバルと思える奴が身近にいなくて勉強に身が入らなかったことである。大学受験のときは、クラスで四〇番前後を低迷していたから、ライバルというよりは大船隊が頭上を飛んでいるようで、別の意味で勉強に身が入らなかった。

そのぼくがまともに意欲を出して勉強したのが、大学の経済学部四年のときだった。ぼくの大学の経済学部にはゼミという制度があって、経済学部の三、四年生の多くはいずれかのゼミに入る（所属する）。これは、自主的に選んだミニクラスみたいなもので、人気ゼミの場合は面接などの選抜がある。中には複数の人気ゼミに入るツワモノもいた。当時、一番の秀才が集まると言われていたのが、根岸隆《ねぎしたかし》ゼミだった。ぼくは当時若手でばりばり学生を鍛えるという評判の伊藤元重《いとうもとしげ》ゼミに入った。

通常、三、四年と同じゼミに所属するが、中には他ゼミに四年から応募する学生もいる。根岸ゼミの前後を見渡しても抜群の秀才と言われていたイイダくんが何を思ったのか伊藤ゼミに入ってきたのが、四年のときだった。伊藤ゼミでは積極的に発言をして議論することが求められる。イイダくんの楚々《そそ》とした風貌《ふうぼう》と滑らかで穏やかな口調ながらも的確な論理展開は、ぼくが高校時代に思い描いていた『三国志』の主役、諸葛亮孔明《しょかつりょうこうめい》を彷彿とさせた。これはうかうかしていられない、と舌を巻いたのを昨日のことのように覚えている。三年のときは高校のサッカー部のコーチをしたりして、あまり勉強に手をかけていなかったこともあって、「マツイは変わった」と友人に言われるほど勉強をするようになった。その後、イイダくんは官僚になり、ぼくは学者の道を歩むことになった。進む道は異なっても、いまだにかれを畏敬《いけい》する念には変わりはない。

ぼくは、そんなわけで、大学四年次に初めて勉学意欲をかきたてられる友人に出会った――繰り返しになるがぼくより勉強ができる奴はそれまでも掃いて捨てるほどいた――が、人によっては大学受験で同様の経験をするかもしれない。有名大学への受験は全国レベルで行われているから、これは言ってみれば顔の見えない競争である。経済になぞらえれば市場での競争ということになるだろうか。

ところが、都会の進学校となると、事情が少し異なる。一年に何百人も東大に入るような高校では、周りにライバルを見つけようと思えば、簡単である。そういうライバルの一挙手一投足を見ながら受験勉強をしているから、見えない相手を想定して勉強するのとはわけが違う。こちらは同じクラス内でどのくらいの出来かで、自分の力もわかる。競争相手の顔が見えている。こういう競争は、顔の見える競争とでも言えよう。経済にたとえれば、狭い組織内で競争をしているようなものである。

米国に比べ、日本は下請け企業間の競争をはじめ、顔の見える競争が多いと言われている。顔の見える競争にはいくつかの特徴がある。一つは序列競争の性格を強く持つという点である。全国の相手と競っているのであれば、だれが何番かということはそれほど気にならず、自分の偏差値がどのあたりかということが勉学意欲の源泉になるかもしれない。ちなみに勉強は己の楽しみや向上のためにやるもので、偏差値のためにやるものではない、といった言を聞くが、大人は大したものだな、と思う。ぼくが高校生だったときは、受験勉強は大学へ入るための手段以外の何ものでもなく、きれいごとを言う大人のことはふん、と思ったものだった。

さて、顔の見える競争の二つめの特徴は、競争相手が見えるため、意欲が高まるという点である。ぼくにとって重要だったのはこの点だった。見も知らぬだれかがぼくより優れている、という話より、目の前のだれかがぼくより優れているという事実のほうがショッキングである。それが元で顔の見える競争のほうが、そうでない場合よりも互いに切磋《せっさ》琢磨《たくま》することがあり得る。

三つめの特徴は、顔の見えない競争では**「退出」**がものを言うのに対し、顔の見える競争では**「声」**がものを言うという点である(ハーシュマン『離脱・発言・忠誠』)。たとえば、ある町にレストランが一〇〇軒あって、客が一万人いたとしよう。客は一〇〇軒の店を食べ歩きながら自分の好みの店を探そうとするかもしれない。このとき、まずい料理やひどいサービスをすれば、客はいつの間にか離れていく。これを「退出」のメカニズムという。客は店に来ないことで無言の抗議をしているわけである。一方、一〇〇軒のレストランそれぞれが一〇〇人の得意客を抱えている状況を考えてみよう。この状況下では、得意客はそうそう鞍替《くらが》えをしないが、レストランの味やサービスについてあれこれ注文をつける。これを「声」のメカニズムという。客は行き付けのレストランを替えることはそうそうしないが、直截《ちょくせつ》的な抗議をすることで改善を促すのである。

「退出」は市場を通じた改善、「声」は組織的な取引を通じた改善を促している。どちらがいいかはときによりけりであるが、市場一辺倒である必要はないわけである。ときに顔の見える競争は有効に働く場合がある。

つぎのような例を考えてみよう。時間に追われて印刷を行う新聞社にとって、印刷中に破れる紙を使うことは代償が大きい。そこで新聞社はいくつかの製紙会社から新聞用紙を購入し、製紙会社間での競争を促している。長い目で見た競争なので、短期的なパフォーマンスのぶれは平均してならされるし、新聞社を一時的にだましてもほとんど意味はない。そして、各製紙会社は破れにくい紙を開発するという強いインセンティブを持つ。それによって、顧客である新聞社に忠実で、かつ他社と競争していいものを作り出そうとする製紙会社が作られていくのである。

顔の見える競争は、競わせる側にとって望ましいことが多い。一つは、競争をより多くさせるよううまく報酬をコントロールすることができる点である。セールスマンの売り上げ競争は、そのときの売り上げに応じた報酬の他《ほか》に、一番売り上げのよかった者を表彰したり、出世の可能性を開くことで、今日の勝ちが明日の勝ちにもつながっていくということになり、単なる歩合制よりも一層の努力を引き出すことができるであろう。さらに顔の見えない競争と違って、しばしば顔の見える競争は長期的な競争になるので、一時的な足の引っ張り合いの効果が薄れ、またそういうネガティブな行動がばれやすいため、競争の中にも協力関係を作り出す土壌が生まれやすくなる。

話は変わるが、親が口うるさいのも「退出」と「声」という原理から説明できる。「退出」というオプションが使えない親は「声」を使って、子供に改善を促すしかないのである。もっとも、親が勉強していないのに子供に「勉強しろ」と言ってもあまり効き目はない。ここには、「まず隗《かい》より始めよ」という諺《ことわざ》がぴったりはまるが、もちろんそんなことを親に言って「逆鱗《げきりん》」に触れてはいけないことは言うまでもない。

世の妻が口うるさいのもまったく同じ原理だ。結婚前はあんなにおしとやかだったのに、と嘆く貴兄は男女の戦略的関係がわかっていない。離婚のコストは高いが、恋人なら「ごめんなさい」の一言で別れられる。恋人が口うるさくないのは、「退出」というオプションを持っているからなのである。結婚後、相手がどのように変わるかは、神のみぞ知ることかもしれないが、結婚したらおしとやかになったという例は聞いたためしがないことを見ると、やはりそこには一定の法則があるのである。恋愛も学問の対象になり得る証左といえよう。

第四章　社会編

1　真実はみんなの意見でつくるもの

わが国では、都市部の地価は中心部から遠くなるにつれて、下がっていく。その他にも駅からの距離や路線によっても地価は変わってくる。それでも、傾向としては、距離と地価の間の関係はほぼ直線的だ。それに対して、米国の主要都市の地価は、ずいぶん異なる。本当の都心部の地価が高いのは理解できるとして、そこから離れると地価は、急速に下がった後、さらに遠く、郊外へ行くと、再び上昇する。そして、その後はだらだらと田園地帯に向けて下がっていく。また、駅に近いところの地価が高いとは限らないし、むしろ安い傾向がある。

たとえば全米第五位の都市フィラデルフィアの中心部から、自動車で西の方に向かうと、公園に囲まれた摩天楼から景色が一変し、緑のない灰褐色の家や低層ビルが並ぶ地区を通過する。そこにいる人々は、多くが黒人やヒスパニック系である。それからしばらく行くと、グリーンベルトのような公園と川があり、その向こうに芝生がまぶしい郊外の家並みが広がっているのが見られる。メインラインと呼ばれるこの地域は自動車社会で、道を歩く人は滅多に見かけない。そして、郊外にある小さめのマーケットに集まる人は、たまに東洋人を見かける以外はほとんど白人で、黒人にはまず出会わない。中流以上の白人とそれ以外の人々の間で完璧《かんぺき》に近い棲《す》み分けがなされているのである。

黒人にも金持ちはいるにもかかわらず、郊外の白人の居住区に黒人が住もうとしないのはなぜだろうか。公式統計を求めることは難しいが、家主も不動産会社も「白人居住区」の物件を黒人に貸したり、売ったりすることを敬遠する傾向があるという話を聞く。なぜかと言えば、黒人が住むことによって地価が下がってしまうからである。

その結果、皮肉なことに、白人と黒人が住んでいる居住区では、黒人の支払う家賃のほうが、白人の支払う家賃よりも七、八％ほど高い、という実証分析もある。家主も七、八％高めに払ってもらえれば、黒人に住まれて不動産価値が下がっても元がとれる、といったところであろうか。

では、なぜ黒人が住むと、地価が下がるのであろうか。その理由として考えられるのは、白人は黒人と同じ地区に住みたくないと思っていて、黒人がいるとその地区の魅力が減ってしまうから、というものである。しかも、これは黒人に対する偏見がなくとも生じてしまう現象なのである。

今、仮に、白人はだれも黒人に偏見を持っていないとしてみよう。かれらが気にするのは、自分が住む街や所有している不動産ないし不動産屋なら自分が扱う街の地価の動向だけである、と考えよう。そのような状況でも、黒人に家を貸したり、売ったりすることを避けようとすることがあり得る。なぜかと言えば、それは、みんなが「黒人が住むと、地価が下がる」と思っているからである。「黒人が住むと、地価が下がる」と多くの白人が思っているとしよう。このとき、実際に黒人が住み始めると、地価が下がることになる。なぜなら、地価が下がることが予想される不動産に対して、元の高額の対価を払う人が少なくなるからだ。

逆にみんなが価値が上がると思えば実際に価値が上がる。不動産開発の成否はいかにこのような期待をみんなに持たせるかで決まる。ニューヨーク出身の不動産王にドナルド・トランプという人物がいる。父親はそこそこの不動産屋だったが、ドナルドは土地開発で並々ならぬ才能を発揮する。あまり地価が高くない土地家屋を区域単位で安く買い取り、少し手を入れる。そして、これを高く売り出すのだ。あまり柄のいい地域と思われていないところが、結構いけてる地域に変わってしまえば、もう後は濡《ぬ》れ手《て》に粟《あわ》だ。大したお金をかけずに、つまり大したリスクを冒さずに成功すれば大儲《おおもう》け。実際、大学生のときに、父親の会社を利用して、ある集合住宅に手を入れ、五億円を一〇億円に増やしてしまったというから驚きである。

　みんなが価値があると思うから価値が生じる。実は、この不思議な現象は、とても身近なところにもある。ぼくたちみんなが使っているお金がそうだ。なぜ、ぼくたちは「壱万円」と印刷されている紙切れを喜んで受け取るのであろうか。それは、その「壱万円」と書いてある紙切れで、自分のほしいもの――ゲーム機だったり、洋服だったり――が買えるからだ。なぜ買えるのか。買うということは、つまり相手に紙切れを渡して、代わりに自分はゲーム機や洋服を受け取るということを意味している。ということは、相手がその紙切れを喜んで受け取って、代わりにゲーム機や洋服をくれなければならない。なぜ相手はそんな紙切れを喜んで受け取ってくれるのだろうか。それは、他にもたくさんの人々がその紙切れを喜んで受け取ってくれ、代わりに別のものをくれるからだ。みんなが福沢諭吉さんを好きだからあの紙切れに価値があるわけではない。みんなが受け取ってくれるから価値があるのである。

　それが証拠に他の国へ行くと、その紙切れを相手にあげても怪訝《けげん》そうな顔をされるだけで何も手に入らなくなる。相手が福沢諭吉さんを知らないせいではない。他の国では、その紙切れをだれも受け取らないから、目の前の相手も受け取ろうとしないのである。逆に、他の国に行くと、印刷されている人の名前は知らなくても、紙切れの使い方は知っている。何かほしいときに、その国で使われている紙切れを差し出せばいいのだ。もっとも、言葉のわからない国では、ポケットに大量のコインがたまることになるから気をつけないといけないが。

さて、ここでお金は法律で決めてあるから価値がある、と言う人がいるかもしれないので、もう少し例を出しながら説明しておこう。ぼくは遺跡巡りが大好きで、ギリシャに因《ちな》んだ本を書いたときも、わざわざ取材旅行と銘打って、トルコとギリシャのエーゲ海沿岸と島々を巡った。トルコの遺跡に近いクシャダシという町に滞在したときのこと。イスタンブールのアタトゥルク空港でトルコリラに換えて持っていったのだが、何とどこへ行ってもドルとユーロが使える。つまり、受け取ってもらえるのだ。しかも交換レートたるや、計算してみると、空港でドルをトルコリラに換えるよりも割りがいいこともあった。聞くと、円も受け取るという。この町はエーゲ海の保養地となっており、観光客が多く訪れることからドルやユーロを受け取っても、わざわざトルコリラに換えずに使い道があるのであろう。その交換レートのよさにはびっくりした。トルコ政府がドルやユーロは受け取るべし、という法律を出しているわけではない。みんながドルやユーロを受け取るから自分も受け取るのである。

社会現象の多くは、このような性質を持っている。つまり、ある貨幣が価値を持つか否か、黒人には高い家賃を要求すべきか否かという判断はみんながどう判断しているかに大きく依存している。真実はみんなの「意見」でつくるものなのである。

2　おれがやらなきゃだれかやる

「だれか答えがわかる人お願いしまーす」と呼べど、叫べど、学生は押し黙っている。そんな経験のある教師は多いだろう。しかも、少人数講義よりも大人数講義のときのほうがこの傾向は顕著である。極端な例として、一対一で話をしているときに、「答えわかる？」と聞いて、まったく無反応ということは滅多にない。「わかりません」くらいの答えはもらえるだろう。また、「だれかやってくれる人いない？」と学生にメールを打つと、みんな「わたしがやらなくてもだれかがやる」と思っているのであろう。なかなか返事が来ない。ぼくのゼミのように、「はい」「はい」「はい」とレスが戻ってくるのはむしろ例外といってもよい（ゼミについては第三章5節を参照）。

これが仕事となると、もう少し厄介だ。「だれかやっておいて」と頼むと、だれもやらない。軍隊の見張りであれば、だれかやると言って見張りがみな怠けていたのでは敵の夜襲を受けて、危ういであろう。

多くの人がいるにもかかわらず、だれも何もしないのはなぜだろうか。しかし、社会心理学者のラタネたちは、逆に多くの人がいるからこそ、だれも何もしないのではないか、と考えて、ある実験を行った（岡本浩一《おかもとこういち》『社会心理学ショート・ショート』）。

かれらの実験では、男子大学生一〇〇人強を被験者として、叫び声を測定する実験を行った。被験者は四人一組となり、「実験の目的は、感覚を遮ることで、集団の発声量が変わるか否かを調べる実験である」という嘘《うそ》の目的を告げられ、目隠しとヘッドホンを着用した。実験者は、これから一人ずつ、二人ずつ、もしくは四人一緒に叫んでもらうが、できるだけ大声を出してほしいと伝えた後、つぎのいずれかの指示を与えた。

（1）みなさんの声は録音し、その強さをコンピュータで測ります。したがって、集団のときは、各個人の声量は測れませんが、一人ずつ叫んだときは、各人の声量が測れます。

（2）みなさんの声は録音し、その強さをコンピュータで測ります。したがって、一人のときはもちろん、集団のときも各個人の声量を識別して測れます。

さて、右の二つのいずれかの指示の下、各被験者は声を出した。しかも実際には、四人一緒に叫んでいると教えられたときも一人で声を出していた。
（1）の条件下では、声量が二人のときには、一人のときの八〇％程度に減り、四人のときにはさらに減った。ところが、（2）のときには、集団になっても手抜きが起こらなかった。
ラタネたちはこの結果をもって責任の拡散の議論を展開するに至った。社会心理学では、一つの事象に一つの理論を当てはめて解釈する傾向がある。ゲーム理論はこれを極度に単純化し、さまざまな現象を（感情なども加味はするが）損得計算という観点から分析しようとする。ゲーム理論が極めて汎用性《はんよう》の高い分析手法としてさまざまな社会現象の分析を席捲《せっけん》した所以《ゆえん》である。物事のシステマティックな理解にこそ、ゲーム理論の真骨頂がある。

人はいつでもそれなりの計算をしているというのがゲーム理論での仮説だ。今、軍隊の見張りの例をとってみよう。今、夜間に起きて目を凝らしている努力の手間などのコストを1としよう。一方、みなが見張りを怠り、夜襲を食らうと大変である。そこでだれも見張りをしなかったときに万一夜襲を見逃してしまうかもしれない。その夜襲のコストを2としておこう。ここで、夜襲を見逃すことのコストは見張りのコストより大きい点に注目しよう。このような見張りがいたとして、先ほどのラタネたちの実験のうち（1）と（2）の条件下で、どちらかが起きていて目を凝らしている可能性を考えてみたい。

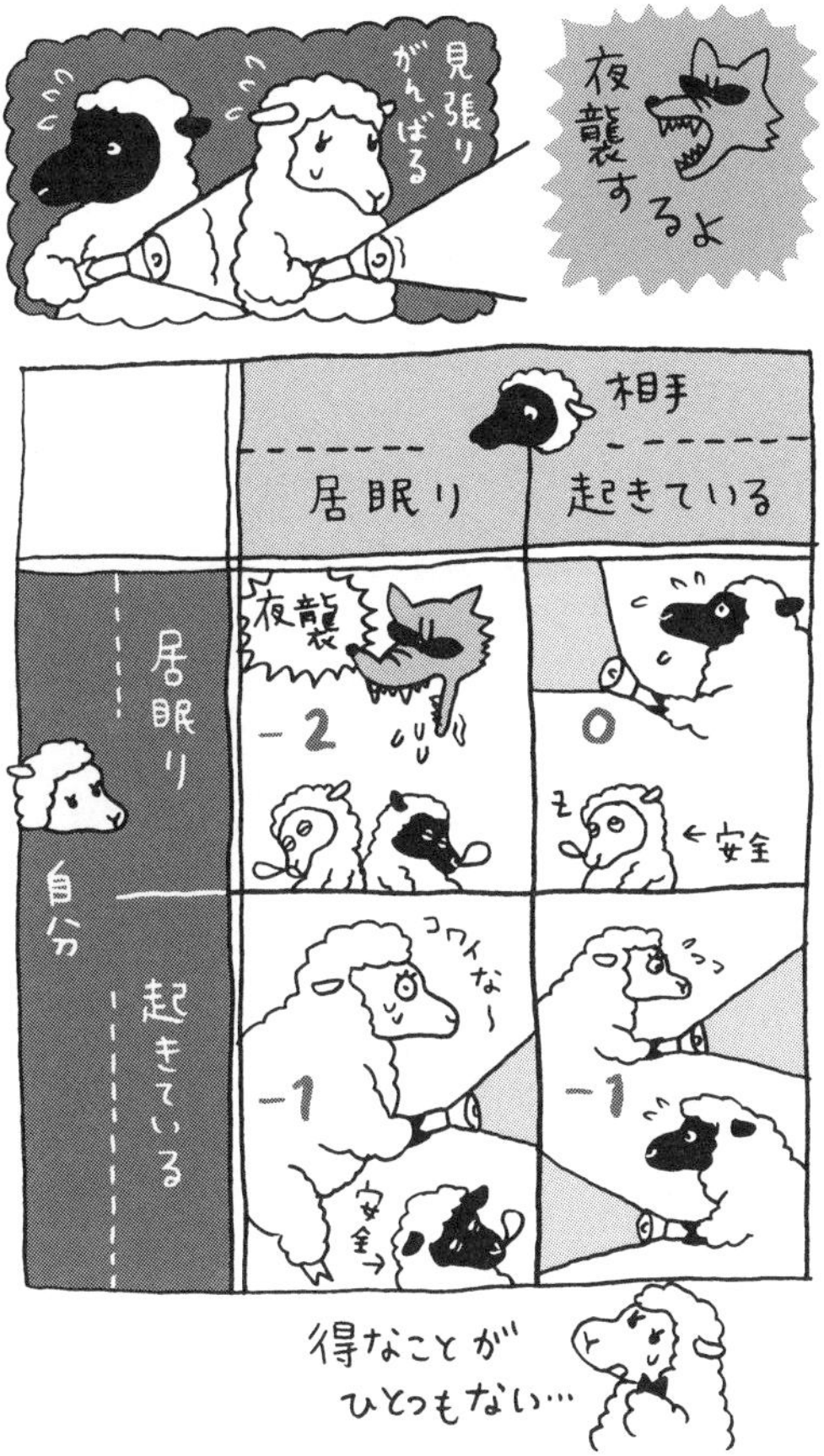
見張りがんばる
夜襲するよ
相手
居眠り
起きている
自分
居眠り
起きている
夜襲
−2
0
安全
コワイな〜
−1
安全→
−1
得なことがひとつもない…

表4-1　見張りのコスト

まず、（1）の状況、すなわち、個々の努力は測れない状況を考えてみよう。表4−1は、この状況での「自分」の利得を表わしている。

この状況で、みんなが同じ行動を採っているものとして安定的な解＝均衡を求めてみよう。まず、すなわち見張りが自分一人しかいない場合は、見逃すコストが見張りのコストよりも大きいので、必ず起きているという結論が得られる。

つぎに見張りが自分以外にもう一人いる場合を考えてみよう。このとき、相手も自分も起きているかいないかで迷っており、結果として確率pで眠ってしまうとしてみよう。すると、相手が眠る確率はpとなるため、自分も眠ってしまうと、利得の期待値は−2pとなる。他方、自分が通報した場合の利得はつねに−1なので、両者が等しくなるところが均衡である。ゆえに、居眠りをする確率は$\frac{1}{2}$となる。この場合、二人とも居眠りをする確率は$\frac{1}{4}$となり、正の値をとる（0にならない）ことがわかる。人数が一人から二人に増えたのにもかかわらず、逆に二人とも見張りを怠る可能性が生じてしまったのである。

実は、このような状況下では、人数が多くなればなるほど、一人ひとりが起きている確率は0に向かって小さくなっていってしまうだけでなく、だれかが起きている確率も減っていってしまうことが知られている。つまり、見張りを増やすと敵襲発見の可能性が下がってしまうのである。自分がやらなくてもだれかやるという計算は、集団自体のパフォーマンスまで下げてしまうことになる。

ちなみにこのゲームには別の均衡もある。それは自分だけが起きていて、相手は居眠りするというものである。このとき、お互いは相手の行動に対する最善手をとっている。この場合は、全体のパフォーマンスの低下は防げるものの、せっかく見張りを増やしても意味がない。人数を増やしても結局働くのは一部の人だけ。そんな経験を持つ方も多いだろう。ゲーム理論はそういう怠け者の行動まで説明できてしまうのである。

3　帰国子女の女の子

大学生のときに家庭教師のアルバイトをした。二軒のうち一軒はいわゆる帰国子女の女の子だった。自分で物事を考え、自分の考えを他人《ひと》にきちんと伝えられる賢い娘《こ》だったが、日本の学校の勉強になじまず、最初のうちは授業の文句を延々と聞かされたものだ。数学は能力の割りに苦手意識があったのでやりやすかった。思考方法を一緒に考えていくだけでよかったからである。

厄介なのは英語と国語だった。英語は学校の先生より発音もきれいだし、生きた英語を知っている。だから日本英語を馬鹿《ばか》にして勉強しようとしない。しかし、試験に出るのは文法を中心とした教科書英語。点数は低かった。あるとき受験校の過去問を持ってきて、ぼくに解け、と言う。「解答はじめっ」と言って時間を計り始める。しかたがないので、解いてやると、今度は赤いボールペンで採点を始めた。採点を終えると、しばらくその答案をじっと見つめていたが、おもむろに勉強を始めた。勉強を始めれば、土台がある分成績は容易に上がった。

国語はもっと悲惨だった。著者がどういうつもりで書いたかを問うている問題で、自分の意見を書いてしまうのである。実は、これはぼく自身にも当てはまることだった。国語の成績はいつも低空飛行だったぼくが大学受験で理系を選んだのもやむを得ないことでもあったのである。

さて、そうは言ってもお金をいただいて教えている家庭教師は、「やむを得ない」とばかりは言っていられない。そこで、思いついたのが「ゲーゴー作戦」である。日本の国語の試験は受験者の考えを押し殺し、「正解」を押し付ける方向で組み立てられている。そういう問題で自分の力を試されることにストレスを感じているようだった。そのストレスを「ゲーゴー」、つまり「出題者に迎合せよ」を合言葉で吹き飛ばしつつ、出題者という相手の心を読む力をつけてしまおうという作戦である。この作戦はみごと的中し、女の子は「ゲーゴー、ゲーゴー」とうれしそうに言いながら、相手プレイヤーである出題者の意図を読むことに興じ始め、成績もみるみるうちにアップしたのであった。

☆☆☆

日本の教育は帰国子女の目には異様に映る。型にはめようとする傾向が強く、そこに違和感を覚えるらしい。日本の子どもたちはよくそれに耐えて勉強しているなとも思う。この忍従的な気質は、世界共通のものではなく、日本で生まれ育った人々の特徴という説もある。

和辻哲郎《わつじてつろう》の古典的名著『風土』によれば、日本人の気質に大きな影響を与えているのは、梅雨《つゆ》と台風を特徴とするモンスーン的な気候らしい。時折襲う台風の猛威は恐ろしいが、一夜明ければ水不足を一気に解消してくれるように、自然はぼくたちにとって脅威であると同時に命をもたらしてくれるものである。物事に対して受容的忍従的な日本人の気質はここから来ているというのだ。

それに対し、砂漠の民にとって自然は「死」であり、そこから逃れるために草地や水を求めてさまよい歩く。水が少ないため、人間は他の人間とも対立する。中東の戦闘的性格はここから来ているという。また、牧場《まきば》の民であるヨーロッパ人たちは、従順な自然、意のままにコントロールできる自然を見るという。

人々に大きな影響を与えるものという意味では自然の力も社会の力も似たようなところがある。ここでいう社会の力とは、慣習や公権力、それに学校や会社といった自分独りでは変えがたいものの力のことである。中東では、部族間抗争が絶えず、強い王権が確立して、力で諸部族を抑えつけても、王が亡くなれば再び国が乱れ、権力には反抗するものという意思の強さを窺《うかが》わせる。それに対して、西欧では、政府は人民がコントロールするものという意識が根付いている。その理念型として民主主義の観念が芽生えたのもあながち風土と無縁とは思えない。

翻って、日本を見てみると、日本人は昔から自然に対してと同様、権威や権力に対しても従順であったような気がする。知識を与えてくれる教師、仕事を与えてくれる会社、そして秩序を与えてくれる慣習に従う。たまに間違っていると思ってもなかなか意見が言えない。面と向かって意見が言えないから、仲間や同僚が集まると愚痴の交換会となる。

教師は教えた内容を鵜呑《うの》みにする生徒を育て、いつの間にか自分で考える力を殺《そ》いでしまう。ぼくがとくに問題だと思うのが出題の仕方である。正解が一つしかないような出題ばかりでは（採点は楽かもしれないが）自分なりの答えを見つけようとする意欲を殺いでしまう。たとえ答えが決まっているような算数の問題にしても、

1＋□＝4

という問題と、

□＋□＝4

という問題とでは、求めるものが変わってくる。後の問題では「1」と「3」のほかに「2」と「2」だって正解だし、もう少し成長すれば、「−1」と「5」だって正解になることもわかるだろう。さらに、「4−x」と「x」だって正解になる。前の問題が答えが一つしかない発展性のない問題なのに対して、後の問題は学ぶにつれて答えが拡《ひろ》がっていく発展性のある問題なのである。

国語にしても、自分なりの答えを見つけるための材料を本に求める子どもではなく、「正解」を探すような子どもが育つ。正解が一つであれば、それが示された段階でうなずくしかない。そうやって「正解」に対して従順な子どもたちが社会に出ていく。

これは社会が新しいものを生み出していくうえでゆゆしき問題である。西欧のやり方が「正解」で日本はその真似《まね》をしていればいい時代には、一つの「正解」を求めて努力するこ

とが効率的だったかもしれないが、高度成長を遂げて欧米と肩を並べ、新しい「正解」を生み出していく際には決して望ましい教育とは思えない。

もちろん、複数の答えがあるような問題は教科書や授業、試験といったものに不向きかもしれない。だからこそ、一〇人の生徒に一人の先生をつけたり、答えがいろいろ出てくる問題を丁寧に採点するだけのマンパワーが必要なのである。

さて、社会に出た従順な会社員は自分が勤める会社のためにプライベートな時間を犠牲にして尽くす。たとえば、欧米では、本人の意思に反して遠隔地に赴任するということはあり得ないが、日本では徴兵の「赤紙」よろしく、辞令一つでどこへでも飛んで行く。家族もそれを仕方ないことと受け止め、何らかの事情で家族で引っ越せない場合は単身赴任となる。

政府の施策に対しても、日本人は受け身のことが多い。西欧の民主主義は、市民の多くが政府の意思決定に参加することで、政策を決めていこうとするものである。それに対して、日本の民主主義は、政府に何とかしてほしいとお願いをしようとする傾向がある。雨乞《あまご》いの発想である。

慣習や規範の力となると、さらに曖昧《あいまい》でつかみどころがないような気もする。われわれの世の中には、ルールや慣習や規範がそこここにある。結婚式や葬式での服装や振る舞い方などは細かく決まっていて、大の大人でも緊張する。

慣習の性質として大切なものに「ほかのみんながやっているから」というものがある。風土が築きあげてきた人々のものの考え方や行動の仕方も一度慣習として確立してしまえば、もう風土を持ち出さなくても説明できる。みんながやっているから自分もやるのである。これが日本人のＤＮＡによるものではないことは、帰国子女を観察してみるとよくわかる。

たとえば、「家事・育児は女性の仕事だ」という規範は日本ではいまだ根強い。外で働く既婚女性たちにとってこの規範は家事の手抜きをすることの負い目へとつながる。負い目を感じまいと家事・育児も一人で背負い、はてはキャリアを途中で断念してしまう。それがいやで結婚そのものを渋るケースも多い。

もちろん逆に、女性も外でキャリアを磨くべきだという規範の下では、専業主婦は家事労働をしているのにもかかわらず、向上心がないかのように思われてしまうだろう。

もっとも慣習に縛られるという問題は何も日本だけのことではない。個人の自由が確立していると言われる北欧にだってわれわれにはなかなか見えにくい規範があって人々を縛っている。例を出そう。

デンマークから日本に来ている家族がいた。奥様は働いていなかったが、本国に帰ることになり、日本はよかったのに、と言う。その真意を聞いてみると、デンマークに戻ると仕事をすべきという無言の圧力があって、専業主婦は肩身が狭いから働かざるを得ないのだという。なるほど、そういうこともあるのかと妙に納得した覚えがある。

さて、他方、男性は男性で「男は外で働くものだ」という規範に縛られている。彼らは共働きなどで家計としての収入が確保されていてもなかなか会社を辞めて専業主夫にはなりにくい。男のプライドも規範あればこそだ。経済規範が人々の行動を、感情を縛るのである。

ゲーム理論はこういった慣習も相対化して見ることができる。表4-2を見てみよう。このゲームには二つの均衡がある。夫が外で働き、妻が内で働くというものが一つと、それとは逆に夫が内で働き、妻が外で働くというものである。このゲームを見る限りどちらも均衡、つまり「正解」なのであるが、社会の中でこのゲームがプレイされると、夫＝外、妻＝内という均衡が成立しやすくなる。

潜在的な結婚相手には外で働くタイプと内で働くタイプがあり、そのための教育や訓練を相手を見つける前にやっておかなくてはならないとしよう。そのとき、人々はどちらに投資をするだろうか。あるいは親はどう子育てをするであろうか。

男性が「外で働く」訓練をしていれば、女性は「内で働く」訓練をしなければ結婚相手を

		妻	
		内で働く	外で働く
夫	内で働く	0, 0	1, 3
	外で働く	3, 1	0, 0

表4-2　昔の結婚後の就労選択

見つけることはできない。結婚しないというオプションが魅力的でなかった昔は、多くの女性は「内で働く」ことを選択せざるを得なかったのである。

電化製品が普及し、仕事のバラエティも拡大、さらに都心のように外食や中食産業が発展してくると、二人とも「外で働く」ことのデメリットが薄れてくる。また、結婚をしないというオプションも現実的なものとなってくる。外的な環境でゲームは変化する。

ある夫婦にとっては、二人とも「外で働く」ことのメリットがどちらにとっても高まり、表4-3のような状況となるかもしれない。このケースは二人とも共稼ぎに満足できるハッピーなケースである。ここまでくれば、共稼ぎに伴う問題も解消されるが現実はそれほど甘くない。

よくあるケースはむしろ表4-4のような状況であろう。ここでは、二人で「外で働く」ことのメリットがそれほど大きくない。このような状況では、妻は外で働きたいと思う一方、夫は妻に仕事を辞めてもらったほうが望ましいため、両者の間に緊張関係が生じることになる。

		妻	
		内で働く	外で働く
夫	内で働く	0, 0	1, 3
	外で働く	3, 1	4, 4

表4-3　今の結婚後の就労選択（ハッピーな共働き）

		妻	
		内で働く	外で働く
夫	内で働く	0, 0	1, 3
	外で働く	3, 1	2, 2

表4-4　今の結婚後の就労選択（夫が仕事を辞めさせようとするケース）

いずれにせよ、昔とゲームの形が変わってきたことで選択される均衡が変化することになるが、それでも夫が「外で働く」という昔にできた規範は容易にはくつがえらないのである。

それでも、ゲーム理論は他《ほか》にも「正解」があることを教えてくれる。それに気付く人が増えれば、夫が内で働き、妻が外で働くことが当たり前の時代がやってくるかもしれない。

☆☆☆

そうそう、後日談に触れておこう。二〇年後のある日、あのときの女の子から突然連絡が来た。

覚えていらっしゃいますでしょうか？
数学が苦手な、口だけは達者な、小生意気な娘です。
今、私の手には、先生が書かれた『市場《スーク》の中の女の子』
があります。

翻訳の仕事をしているという。国語の苦手だったぼくと彼女が文筆活動をしていることに何か不思議な感じがした。自分の本の名前くらい書いてくれればいいのに、と思いながらネットで調べて手に入れた。専業主夫の生活をテーマに、男とは何か、女とは何かを問いかけるような小説で、数学よりも英語と国語を教えるのに苦労したあのときの「小生意気な」女の子を思い出して、思わず微笑《ほほえ》んでしまった。タイトルはぼくと彼女だけの秘密である（もっとも彼女はぼくが彼女の本を手に入れたことは知らない）。また、本書をどこかで手にとってくれるかもしれないので、この場を借りて、彼女に返信しておこう。

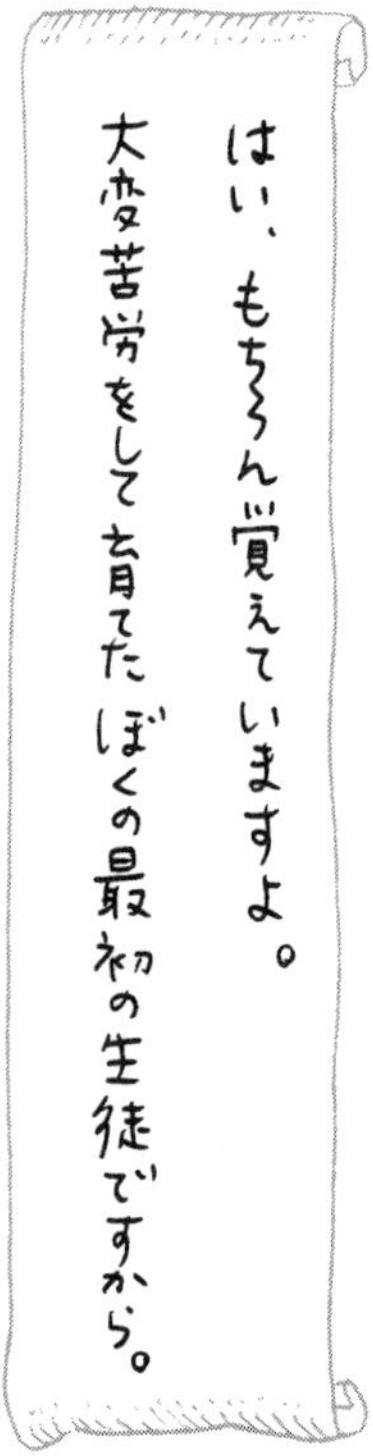
はい、もちろん覚えていますよ。
大変苦労をして育てたぼくの最初の生徒ですから。

4　みんなが手話で話した島

幼い子は言語習得能力が高いというが、ぼくが体験したのはまったくその逆だった。幼い子は言語喪失能力も高いのである。幼いころアメリカに連れられていったぼくは、半年間のうちに日本語をすっかり忘れてしまった。日本に帰国してまず困ったことは、幼稚園のみんなが言っていることがよくわからない、ということだった。半年間のギャップを埋めるために半年以上かかったことは言うまでもない。悔しいのは、だからと言って英語能力が残ったわけではないという点である。英語のほうは半年もかからずすっかり忘れてしまったのである。

バイリンガルというのは二か国語を母語のようにあやつることができる人のことだが、なかなかそういう人はいない。三か国語をあやつれるトライリンガルはごくまれである。一か国語しかできない人はアメリカ人というジョークが昔あったが、アメリカのある島では不思議なバイリンガルが長らく続いた。その島の話を少ししよう。

マーサズ・ヴィンヤード島は、米国東海岸のマサチューセッツ州沖に浮かぶ島である。一六四〇年代に北部人の開拓者が対岸のケープコッドから移住した島は、農業・漁業を主産業とし、その生活水準はあまり高いほうではなかった。この外界から隔離された島には、他で見られない特徴があった。島では三〇〇年以上にわたり、先天性ろう者の数が飛びぬけて高い比率を示していたのである。これは遺伝性の聴覚障害が原因だった。

この島が特徴的だったのは、こうした遺伝の発生に対して、社会の側が適応してみせたという点である。ヴィンヤード島では、三〇〇年以上にわたって、耳の聞こえる健聴者が手話を用いて会話をしていた。島の子供たちの多くは、耳が聞こえても手話を母語のように扱い、英語と手話のバイリンガルとして育っていった。

グロース『みんなが手話で話した島』によれば、健聴者と先天性ろう者の比率は一九世紀には米国全体で約六〇〇〇人に一人であったのに対し、島全体では多いときには一五〇人に一人、隔離の度合が激しいチルマークという町では二五人に一人にも上った。その結果、チルマークでは手話を使いこなせぬ者は、ごくわずかしかいなかったという。

おそらく、自分と暮らしを一にする家族にろう者がいれば、必要に迫られて手話を解するようになるであろう。それを前提とすると、二五人に一人の割合でろう者がいれば、手話言語の使用者はそれよりははるかに多い割合となるであろう。そして一度健聴者の多くが手話言語を解するようになると、手話を解さないことは大きなハンディキャップとなる。人々が集まって手話言語を用いて会話しているときなど、話の輪に入れなくなってしまうからである。さらに、ヴィンヤード島ではある時期から漁業が中心的な産業になるが、手話言語が話せれば、海上でも船同士でやりとりが可能となる。これはお勧めできないが、礼拝中も授業中もおしゃべりができる（だから牧師や教師は手話教育には反対するかもしれない）。

ろう者の社会参加を妨げているのは、聞こえないという物理的障害ではなく、まわりの人々との間に立ちはだかる言語の壁、社会的障害なのだ。それは、ちょうど英語を話せないままアメリカ人のパーティーに参加したり、日本語を話せないまま日本の幼稚園に行くようなものなのである。

この現象は何も手話と口話に限ったことではない。先進国のカナダでも一九九〇年代に言語を巡って大きな問題が起こっている。一九九五年一〇月三〇日、カナダからの独立か残留かを決める住民投票がケベック州で行われた。投票率九三%。結果は、独立反対票五〇・五六%、賛成票四九・四四%という大接戦であった。

カナダの人口はおおよそ三〇〇〇万人。うち英語系住民が約六〇%を占め、経済を握る。一方、ケベック州の人口は七〇〇万人強。そのうち仏語系住民八二%、英語系住民九%と前者が圧倒的多数を占めている。当時のブシャール州政府首相は、カナダ残留は二等市民にとどまることを意味すると主張し、これに呼応した仏語系住民の過半数が賛成に回った。これに対し、連邦派は独立すれば失業問題等が悪化すると訴えた。

歴史的には、一七五九年に英国軍が仏植民地であった州都ケベックを陥落させたときから仏語系住民の苦難が始まったと言われる。馬場伸也『カナダ』によれば、カナダが英国から独立した後もこの状況は続き、仏語系住民の相対的地位が改善したのは一九六〇年以降のことである。

言語・慣習といった土台となるものがなければ、人間関係を築いていくことは困難である。そして、その人間関係がなければ経済関係もまた築いていくことは困難である。連邦制を採ることによってケベックの仏語系住民は少数民族となり、多数派である英語系住民の土台に合わせることで経済活動を展開せざるを得なかった。二等市民に甘んじることは心情的にも経済的にも大きなハンディを抱えることになったのである。

ボスニア・ヘルツェゴビナ、イスラエル―パレスチナ、スペイン・バスク地方、サハラ以南のアフリカ諸国など数えたらきりがないほどの紛争も、このような民族間での土台のすり合わせの失敗に端を発しているのである。

共通の土台を得るためにはそれなりの対価を払わなくてはならない。日本人の多くは英語などの外国語を学ぶためにどれほどの苦労をするか身をもって体験しているであろう。また、自分が幼いころから慣れ親しんだ行動基準を捨てて、自分にとっては不自然かつ直感的でない作法を身につけていくのはしばしば困難であり、不快感も伴う。SF小説の巨人でユダヤ系ロシア人として生まれたアシモフは、つぎのように語る。

私の両親は移民でした。〔中略〕そのため私はアメリカ文化というものを独力で学ばなくてはなりませんでした。このような経験をしてこなかった人に、このことが何を意味するかを説明するのは難しいことです。〔中略〕要するに私は（他の多くの人々と同じように）文化的な意味での孤児であり、『文化を語るときに訛《なま》りが出てしまう』人間なのです。

――アシモフ "Yours, Isaac Asimov"

キャッツとぼくはこの問題をゲーム理論を用いて分析した。より詳しい話はぼくの『慣習と規範の経済学』に載せてあるので、ここでは、その概要をかいつまんで見ておこう。今、二つの集団、少数民族と多数民族を考え、両者は異なる言語・慣習を使用しているとしよう。この二つの集団が同じ社会に放り込まれたとする。このとき、どのような変化が起こるであろうか。もし、多数民族が使用する言語・慣習を採る物理的および心理的コストがそれほど高くなければ、少数民族は自然とこの言語・慣習を習得していくかもしれない。両民族間の婚姻関係が進むにつれ、多数民族の言語を教育の際の言語として選択する家庭が増え、次第に少数民族は多数民族に同化していくことになるだろう。

この点を少し利得表を使ってみておこう。コミュニケーションにおいて、どんなに外国語（ここでは英語としておこう）に慣れている人でも、家庭で話してきた母語にはかなわない。相手も母語を話してくれればそのときの利得は高い。それを基準値100とし、言葉が伝わ

		相手	
		（自分の）母語	英語
自分	（自分の）母語	100	0
	英語	0	x

表4-7　言語選択による「自分」の利得表

らない場合を０として、話を進めてみよう。仮に、自分の子供を英語で教育した場合の利得をxとする。この値は０と１００の間の何らかの数字で、英語に慣れ親しんでいる親ほど１００に近く、ほとんどわからないという親は０に近い。xが１００に近い人は英語を話す人が多いコミュニティでは英語を選択するだろうし、xが０に近い人は仮に周りに英語を話す人が多くても母語にこだわるであろう（表４−７）。

ろう者の場合のように物理的コストが高い場合や、ユダヤ人のように心理的コストが高ければ、xは０に近くなり、同化は進まず、場合によっては物理的には近くにいながら社会的には隔離される現象が発生するかもしれない。ただし、ユダヤ人が団結しているというのは見かけ上のことで、実際には同化した人々が数多くいたという。

場合によっては、その中間ということもある。英語で教育することに抵抗のない人（xの高い人）もいれば抵抗のある人（xの低い人）もいるであろう。このとき、xの高い人から次第に多数民族への同化が始まり、xの低い人はますます孤立することになる。これらの人々にとっては、社会的な統合はむしろ迷惑であり、多数民族が意識するとせざるとにかかわらず、敵対心を抱くことになるかもしれない。人工内耳に批判的なろう者や、改宗した仲間のユダヤ人を見下すのはそんな事情も絡んでいる。

同化の有無は集団の大きさ、経済力、そして周辺国との往来の頻度などにも依存する。ヨーロッパの小国は自分の国の言語だけでは社会・経済参加が覚束《おぼつか》ないから多くの言語を習得するインセンティブを持つだろう。ルクセンブルクやデンマークといった国では、トライリンガルは当たり前である。一方、島国日本では他の言語を知らなくても十分暮していけるし、就労機会もコストに比べれば大きく違わないため日本語しか話せない人が多くなる。今後、日本の経済力が相対的に低下する中、日本語のみで生きていけるか、切実な問題を突きつけられる日がやってくるかもしれない。アシモフが言うように、そのときになって初めて、ろう者の立場、少数民族の立場が身にしみてわかるのかもしれない。

第五章　未来編

1　人間の科学を目指して

ゲーム理論は社会における人間関係を分析する学問であり、ひいては社会のしくみそのものを分析する学問である。スコットランド人で経済学の祖と言われるアダム・スミスは、つぎのように語っている。

人間社会という大いなるチェス盤において、すべての駒《こま》は、立法者が課そうとする原理ではなく、それ自身の原理に従って動いている。もし二つの原理が一致し、同様な動きを指向するのであれば、人間社会というゲームは円滑で調和的に進行し、われわれは幸福と成功を手にすることができるであろう。それに対し、もし二つの原理が正反対や異なる方向に作用すれば、ゲームはみじめな形で続けられて、社会は混乱に陥るであろう。

——アダム・スミス『道徳感情論』

社会はゲームであり、ゲーム理論の起源は社会の分析にあると言ってもよい。

人間は物質から成り立っているのであるから、物体としての人間を分析すれば現在は無理としても、究極的には人間関係の分析も社会の分析も可能になるという考え方があるが、ぼくは反対だ。物質の科学よりも人間の科学のほうがより根本にあり、ゲーム理論は社会の中での人間を科学するという極めて根本的な学問である。それと同様のことを二〇〇年以上前に唱えた人がいる。アダム・スミスの先輩で同じくスコットランド人のデビッド・ヒュームだ。そのヒュームが打ち立てようとした**人間の科学**を見てみたいと思う。ゲーム理論のルーツを探るうえで欠かせない人物なので、少しつきあってくれるととてもうれしい。

☆☆☆

オートミールなる食べ物がある。名前からしてまずそうなカラス麦（オーツ）をすりつぶして牛乳と混ぜて煮たもので、英国で寮生活を送った人間か、よほどの健康主義者でなければ縁のない代物である。一八世紀イングランド文壇の権威ジョンソン博士は、愉快な辞書の中で、オーツを「イングランドでは馬にやり、スコットランドでは人を養うもの」と説明した。それに対し、スコットランド人ジェイムズ・ボズウェルは、「ああ、だからイングランドでは名馬が育ち、スコットランドでは人材が生まれるのですね」とやり返したという。

ボズウェルのユーモアあふれる返答は、一八世紀スコットランドの知的社会をみごとに言い当てている。一七、一八世紀は啓蒙《けいもう》の時代である。啓蒙思想とは、端的に言えば、理性の力によって森羅万象を理解し、社会をよりよいものにすることを企図したものである。その重心が、一八世紀にフランスからスコットランドに移る。その原動力がデビッド・ヒュームであった。哲学者カントを「独善のまどろみから目覚めさせ」、アインシュタインの相対性理論誕生に寄与し、経済学の祖と言われるアダム・スミスに多大な影響を与えた。

ヒュームは一七一一年、スコットランドのエジンバラで生まれた。弁護士の父親はヒュームの幼少時に他界する。一二歳で大学に入り、法学を学ぶ。しかし、かれは弁護士になることを望んでいた母親と対立する。自分が何をしたいかを、ヒュームは知っていた。かれは、ニュートンが物質の科学を打ち立てたように、人間の科学を打ち立てようとしたのである。

一〇代後半の精神的に不安定な時期を過ぎ、ヒュームは一七三四年にフランスに渡る。フランスの大哲学者デカルトがかつて学んだラ・フレーシュに二年間ほど滞在し、『人性論』(副題：道徳問題に実験的手法を取り入れる試み）を執筆した。『人性論』は一七三九年にロンドンで出版された。ヒュームはありとあらゆる反駁《はんばく》に対して反論する用意をしていた。しかし、哲学を塗り替えたと後世に評価される本書を待っていたのは黙殺であった。

失意のヒュームは、それでも失敗を世の中のせいにはしなかった。かれは性急さを反省し、『人性論』の内容をかみくだき、応用しながら、世に問いかけていくことに残りの人生を費やすこととなる。

ヒュームは、家庭教師や秘書官をしながら研究を続けた。聖職者などに反対され、大学の地位も得られずじまいであった。それでも温厚な人柄と快活さ、そして学問への情熱を失わなかったヒューム。二〇代で自己の理論をほぼ完成させたと言われるヒューム。そのヒュームは、ニュートンの物質の科学に対して、その基礎ともなるべき人間の科学を打ち立てることを企図した。人間は物質からできているのだから物質の科学が人間の科学の基礎になるという考えは一面的なものである。物質の科学といえども、人間の認識の枠を超えることはできないのだから、人間の科学こそ物質の科学の基礎になり得る、と考えたのである。

数学、自然哲学、自然宗教もある意味で、人間の科学（science of MAN）に依拠している。なぜなら、これらの学問は人間の認識下に置かれ、人間の能力によって判断されるからである。（中略）そうだとすれば、人間本性とより密接につながっている科学分野においては、何をかいわんや、である。

——ヒューム『人性論』

かれの考えを少しかみくだいて見てみよう。

☆☆☆

幼児に「果物食べる？」ときくと、首を振ってみかんを指差す。子どもを笑う前に、ぼくたちも『果物』を思い浮かべてみよう。このとき、みかんでもりんごでも○○でもない『果物』なるものを思い浮かべることができるであろうか。ある人はみかんを思い浮かべ、別の人は果物の盛り合わせを思い浮かべる。『果物』なるものが存在するわけではない。あるのは、みかんやりんごであって、それを束ねたものが、『果物』なのである。

『果物』は抽象的な概念だからそうなるのだ、と思われる読者のために、今まさに食べようとしているりんごについて考えてみよう。幼児は「これ何？」を連発する。初めて見た青りんごを指差すので、「りんご」と答えると、「違うよお」と言う。食べさせると、甘酸っぱい味がしたのか、口をすぼめて、「りんごだ」と納得する。『甘酸っぱさ』がなければ『りんご』ではなかったであろう。幼児にとって、『りんご』は、『甘酸っぱさ』、『赤』、『丸』などを束ねたものなのである。

ヒュームは、この問題を突き詰めて考えた。そして、同様の議論を『わたし』にも適用したのである。「わたしが感じる」とき、その感じをもう少し突き詰めると、おいしいとか寒いという感覚にぶつかる。また、「わたしが考えている」とき、あるのは『ヒュームは人間の科学を打ち立てた』といった思考である。『わたし』なるものが感覚や思考と独立に存在するのではない。そのような感覚や思考を束ねたものが『わたし』なのである。

どのように感じ、考えるかが『わたし』である以上、『あなた』と『わたし』を結びつけるものは、共通の感覚と感情しかない。また、立場が異なれば、ものの見方も異なるのである。このヒュームの現象論の先がけとも言うべき議論はつぎに紹介する因果関係に関する分析とともに、人間の科学の根幹をなすものである。引き続き、かれの議論を見ておこう。

☆☆☆

火のないところに煙は立たない、と言われる。何事にも原因があるから結果がある。火という観念と煙という観念を結びつけるのが、因果関係である。ぼくたちは多くの社会問題に原因があると考え、それを探ることから解決への糸口を見出そうとする。原因がわかれば、それを変えることで結果を変えられる、というわけである。

しかし、ヒュームによれば、因果関係を直接感じることはできない。火を観察し、その上方に煙を観察する、という経験を積み重ねて初めて、「火⇓煙」という因果関係が、ぼくたちの頭の中に定着するのである。

もちろん、常に先立つものを原因、後に起こるものを結果と呼ぶわけではない。夜明け前に鶏の鳴き声を毎朝聞いている人間が、鶏の鳴き声が原因で夜が明ける、と主張したら、笑い者になるのがおちであろう。しかし、「火⇓煙」という因果関係を信じ、「鶏鳴⇓日の出」という因果関係を信じないのはなぜか、と問われると、鶏が鳴かなくても日は昇る、という別の経験を持ち出すのではないだろうか。原因と結果に関する推理はすべて経験の積み重ねから導かれるのであって、そこに論理的な必然性はないのである。

ヒューム以前、「原因⇓結果」という推論はしばしば論理学における「前提↓帰結」という推論と混同されていた（両者を区別するために矢印を変えてある）。「ソクラテスは人間である」と「人間は死すべきものである」という二つの前提から「ソクラテスは死すべきものである」という帰結が導かれるが、この「前提↓帰結」という論理（演繹《えんえき》）的推論は一般的な人間に関する知識をソクラテスという個別の事例に当てはめただけであり、何も新しい知識をもたらしてはくれない。それに対し、「火⇒煙」という新しい知識の確立には、個別経験の一般化、すなわち帰納が必要であり、その論理的必然性がヒュームによって否定されたのである。

ぼくたちの知識が、「こうすればこうなる」といった因果関係に基礎を置いている以上、この議論は、すべての知識は疑い得る、という懐疑論をもたらす。「明日も今日までと同様、太陽が昇る」という予想ですら、「習慣から導かれたものにすぎない」のである。一見、哲学的な遊戯にしか思えないこの主張も、「森はいつまでもそこにある」といった経験的事実が覆されていく今、新たな光を放つ一言といえよう。

もっともヒューム自身は、後の哲学者たちを悩ましたこの懐疑の渦を、逆に人間の科学構築の梃子《てこ》とする。人間の固定観念は経験によって身についたものだから、疑いは常に残る。「神」を相対化し、社会にはびこる固定観念を批判したヒュームにとって、この懐疑は人々の独善と対決するうえで、必要なものであった。

自然科学であっても、ヒュームの呪縛《じゅばく》からは逃れられない。後にアインシュタインは言う、「何をわれわれが観察できるかを決めるのは理論なのだ」と。理論という名の仮説があって初めて、ぼくたちは因果関係を推理することができる。特殊相対性理論誕生の陰にヒュームがあったと、自ら認めるアインシュタインの言葉を引用しつつ、彼とヒュームの関係を見ることとしよう。

われわれは時間ないし同時性が絶対的なものであるという公理を無意識のうちに置いていた。この公理が認識されずにいたら、［光の速度と同時性に関する］パラドックスを満足裡《まんぞくり》に解決することはできなかったであろう。今では、このことを知らない人はいないが、当時、この公理とその恣意性《しいせい》とをはっきりと認識することが問題解決の本質であった。この核心部分の発見に必要な批判的考察は、デビッド・ヒュームとエルンスト・マッハの哲学的著述を読むことによって決定的に促進された。

——アインシュタイン『回顧録』

一九世紀末から二〇世紀初頭にかけて、アインシュタインや他の物理学者を悩ませていた問題があった。それは、光の速度と同時性に関するものである。

窓を閉めて、一定の速度で走る列車を考えてみる。この列車の中で、野球の投手二人が列車の両端から中央にある的に向かってまったく同じように、かつ同時にボールを投げるとす

等速度
等距離
同時に的に当たってる
列車の中
進行方向
線路脇の観察者にはボールの速度が違って見える。
列車が進む分、速く見える
列車の進行と逆方向に投げるので遅く見える
的が進んで見える
中で見ても
外で見ても当たるのは同時。

る。このとき、どちらのボールが先に的に当たるだろうか。答えは同時である。しかも、列車の中にいる観察者にとって、ボールの速度は同じに見える。

線路の脇《わき》でこれを観察する人を考えてみよう。進行方向に向かって投げたボールは目にも止まらぬ速度で進むのに対し、逆方向に投げたボールはのろのろと動いているように見える。ボールの速度は、観察者によって異なって見えるのである。

つぎにボールを光に置き換えてみる（鉄道も銀河鉄道をイメージしていただきたい）。ここで話が変わる。光は、ボールと異なり、観察者が動いているか否かにかかわらず一定の速度で目に飛びこんでくることが知られている。車内の観察者にとっては、ボールのときと本質的に変わる点は何もない。同時に放たれた光は同時に的に当たる。問題は（銀河）鉄道の脇に佇《たたず》んでいる観察者である。この観察者にとって、進行方向に向かう光も逆方向に向かう光も同じ速度に見える。しかし、列車は動きつつあるから、進行方向に向かう光は、逆方向の光に比べ、的にとどくまでにより長い距離を進まなくてはならない。したがって、逆方向への光のほうが進行方向への光よりも先に的に当たるはずである。ここで「矛盾」が生じてしまった。

ヒューム流に考えれば、このことは矛盾ではなくなる。空間の観念と時間の観念との間に

ボールを光に置き換えてみると…
列車の中
同時に発射
光
光
同時に的に当たるのは同じ
銀河鉄道
列車の外の観察者にはこう見える。
遅めに発射
早めに発射
光
光
光の速さはどちらも同じ
進行方向に向かう光の方が先に発射するように見える
光
光
おおッ
はー
外で見ても中で見ても当たるのは同時。

は絶対的な差異はない。ボールの速度が観察者にとって異なるように、光が発射された時間も観察者によって異なり得る。観察は、光が目に飛びこんできたときに生じるからである。アインシュタインは、観察事実の相対性——とくに時間の相対性をヒュームから学び、車内の人間が、「二つの光が同時に放たれ、同時に的に当たる」ことを観察するとき、車外の人間は、「進行方向への光が先に放たれ、同時に的に当たる」ことを観察すると考えることで矛盾を解決した。人間の科学が物質の科学にフィードバックされた瞬間であった。

2　いじめられる理由なんてない

ぼくはよく転校をした。転校するといじめに遭わないように最初はおとなしくしていた。ある転校先の小学校で仲間外れになっている女の子がいた。無口で目立たない子という印象はあったが、なぜ仲間外れになっているのか転校生のぼくにはわからなかった。だって、変だろ、そう言う子もいた。慣れてきて、周りの子どもと遊ぶようになると、女の子のことは気にならなくなった。

あるとき、女の子がぼくの文房具をいじっていてこわしてしまった。ぼくはガキ大将の子といっしょに弁償するように言った。女の子はだまっていた。そのことを忘れかけたころ、他の子どもたちがいないときに、女の子がきて、「シールあげるから、うちに来て」と言って、簡単な約束をすると、足早に去っていった。当時、見る角度で絵が変わるシール集めが流行《はや》っていたのだ。学校で渡してくれればいいものを、と思いながら、「弁償してもらう」ことにしたことを早くも後悔していた。

放課後、女の子の家に向かうころには、気が重くなっていた。着いた家は昔よく見かけた長屋のような公営住宅だった(ぼくの家も似たようなものだったが)。シールのコレクションを見せてくれて、「これきれいでしょ。どれがいい?」などと言いながら話をしていた。無口なのはぼくのほうだった。気もそぞろに言われるがままに差し出してくれたシールを受け取ると、逃げるように帰ってきてしまった。

つぎの日、女の子は再び無口な子に戻っていた。女の子は話しかけてこなかったし、ぼくも自分から話しかけようとはしなかった。あの子は変だったんじゃない、周りの目が「変な子」にしていたんだ。その想《おも》いが空回りしたままぼくは再び転校してしまった。

☆☆☆

転校する中でぼくが学んだこと。それは、転校しない子どもたちは、かれらのやり方が自然のやり方だと思っており、かれらのものの見方が、どこでも通用する見方だと考えがちだということだった。集団の力というのは恐ろしい。どこへ行っても、そこのやり方があり、それ以外のやり方は否定される。ある学校では友だちを呼び捨てにしていたが、転校先の学校では「くん」づけ、「さん」づけで呼んでいて、思わず呼び捨てにして怒られて、情けない思いをした記憶もある。正に、郷に入ったら郷に従え、なのである。

社会がゲームだとすれば、子どもたちは子ども社会というゲームを自分たちの狭い経験の中から作りあげている。そのゲームに入れてもらえないことほど辛《つら》いものはない。仲間外れは転校するたびにぼくが恐れたことだった。

大勢の中での孤独はたった一人で宙をさまよっているより性質《たち》が悪い。しかも、仲間外れの子をかばおうとすれば、今度はかばった子が仲間外れになる。仲間外れの子がいる状態というのは、そういうふうにして維持されているのだ。

A、B、C、Dという4人の子どもがいたとする。ここで、A、B、Cというグループができて、Dが仲間外れになったとしよう。この状態は均衡として意外に安定だったりする。たとえば、仲間外れがいる状況は望ましくないと思ったCがDと遊んだとする。そうすると、今度はCが仲間外れとなってしまう可能性がある。最悪、DもCから離れて、A、B、Dというグループに代わってしまうかもしれない。その可能性が否定できないのであれば、CはAやBと仲違《なかたが》いをしてまで、Dをかばおうとはしないだろう。子どもは残酷なまでに合理的なのである。

それにしても、なぜ、Dは仲間外れになったのであろうか。それは、A、B、Cという三人が仲間外れにしたからである。では、なぜDを仲間外れにしたのであろうか。決定的な理由はない。しいて言えば「他の子どもが仲間外れにする」からである。そして、「仲間外れ」という状況を説明するために、理由が探し出される。仲間外れになれば、無口になるのは当たり前なのに、「無口だから」とか、「ださいから」とかいったものが、後から理由として述べられたりする。状況を説明するために作り出された話がいつの間にか「本当の話」になる。人間関係においては、しばしば「真実」はみんなの意見で作られてしまうのである。

この点をゲーム理論の枠組でもう少し詳しく見ておこう。ポイントを明確にするために、四人の子どもがペアを組んで遊ぶ状況のみを考え、さらに子どもたちは名前が違うだけでそれ以外の（実質的な）差はないとしておこう。遊びはすべて二人遊びで、そのときどきで、いろいろなペアが均等にできるとする。ペアができると、両者はペアの相手と遊ぶか遊ばないかを決める。自分と相手の両方が「遊ぶ」と決めた場合のみ、実際にペアで遊ぶことがで

		相手	
		遊ぶ	遊ばない
自分	遊ぶ	1, 1	0, 0
	遊ばない	0, 0	0, 0

表5-3　ペアでの遊び

きる。ペアで一回遊ぶと他のことを気にしなければそれなりに楽しいとしておこう。表5-3はこのことを表したゲームである。そして、このゲームが毎日繰り返される状況（より大きなゲーム）を考えてみる。

このゲームで一番望ましい状態は、どのペアでも「遊ぶ」状態である。この状態では、だれも自分から「遊ばない」と言い出すことはなく、その意味で均衡になっている。

しかし、これ以外にもさまざまな均衡がある。ここでとりあげたいのは、仲間外れを生み出すもう一種類の均衡である。今、AとB、AとC、BとCのそれぞれのペアでは、お互いに「遊ぶ」が選ばれる一方、Dとペアを組んだときには、A、B、Cのいずれも「遊ばない」を選ぶとしよう。さらに、Dと「遊ぶ」と、今度はその遊んだ相手が「仲間外れ」になるとする。例えば、AがDと「遊ぶ」と、B、C、Dはお互い同士では「遊ぶ」が、Aとは「遊ばない」ようになる。このとき、だれかDと遊ぼうとするであろうか。答えは否である。このとき、Dを仲間外れにしたままの状態が続くことになる。

つぎにこのような経験を積んだ子どもたちがどのようにこの状況を理解し得るかを考えてみよう。仲間外れが持続するためには、実際にDと遊んだ子どもが仲間外れになる必要はない。重要なのは、Dと「遊ぶ」と自分が仲間外れになる、と心配しているということである。いじめの対象が不規則に変わっていく様子を見ている子どもたちは、自分が積極的にいじめに加わることがなくとも、このような理屈を組み立てて、Dと「遊ぶ」のを躊躇《ちゅうちょ》することであろう。

この状況を理解するために異なるゲームモデルを組み立てる子どももいるであろう。とくに個人の属性によって、集団内での立場が決まると考える人間ならば、「ファイティングスピリットがなければ一生どこへ行ってもいじめられる」（石原慎太郎、二〇〇六年一一月一〇日）と考えるかもしれない。上述の仲間外れ型の均衡に当てはめると、D自身に問題があったから仲間外れになったという説明となる。これは、Dを仲間外れにしたA、B、Cだけではなく、D自身も採りうるものの見方である。さらに、例えば、A、B、CとDは肌の色が少しだけ異なっていたとしよう。これだけでDが仲間外れになる説明はついてしまう。実際には個人差は必ずあるものであるから、理由などいくらでもついてしまうのである。

差異は仲間外れの理由として用いられるが、そこに論理的必然性や因果関係はない。知的障害児が仲間外れやいじめに遭ったという話を聞く。ここまでの議論を踏まえれば、知的障害が「原因」で、仲間外れやいじめが「結果」であると結論づけることが、いかにぼくたちの誤ったものの見方に基づいたものであるかがわかるであろう。これを因果関係だと思わせているのは、ぼくたちの経験とその経験を安易に解釈しようとする営みのなせる業なのである。

いじめの撲滅は、それが何の益ももたらさないし、見方を変えれば何の根拠もなくなる、とみんなが理解するところから始まる。いじめの問題はいじめられる側ではなく、いじめる側のものの見方が歪《ゆが》んでいることから帰納的に生じることをみんなが理解すれば、何を変えるべきかの答えは自《おの》ずと見つかるであろう。

3 理論が世界を変える

西洋合理主義と東洋精神主義。明治時代も和魂洋才などと呼ばれ、両者は異なるものとして扱われてきた。精神力があっても、竹槍《たけやり》でB－29を落とせるわけではないが、つまらないいじめには対処できるかもしれない。人間関係の多くは、気持ちが大切であることを思い合わせれば、精神の力こそ人間の世を生き抜いていくために大切なものとも言えるだろう。西洋合理主義の源流とも言われるギリシャ哲学も、実は東洋の精神主義と近い点もある。両者はどのような点で近く、どのような点で遠いのかを一朝一夕に語ることは困難であるが、ギリシャの哲学者プラトンと仏陀《ぶっだ》とを人間の科学の立場から比較しながら見ていくこととしよう。

プラトンは『国家』第七巻のなかで、洞窟《どうくつ》に生まれながらにしてつながれている奇妙な囚人の話をしている。プラトンの他の多くの書物と同じく、この話はソクラテスと他の人――この場合はプラトンの兄であったグラウコン――との対話という形で進められるのであるが、そのあらすじは以下の通りである。

何人かの囚人が生まれながら洞窟に鎖でつながれている。かれらは、頭も固定されていて、つねに洞窟の底の壁を見ている。洞窟の外には道があり、そこを人や荷を引いた動物が行き来する。さらにその向こうには灯《あか》りがともしてあり、洞窟の外を通る人々に当たって、洞窟の壁に影を落とす。囚人たちはこの影が動く様子を見て育つのである。

ここまで話して、生まれながらにして影のみを見て育った囚人たちは、このわれわれが「影」と呼んでいるものこそ実体だと思って育つのではないかね、とソクラテスは問う。グラウコンがあいづちを打つ。そうだとすれば、かれらのなかで頭がよく、尊敬されるものはつぎにどのような「影」が来るか、どのような動きをするかを一番うまく予測するものではないかね、とソクラテスは同意を求める。

さらに、囚人の一人が鎖から解放されて灯りのほうを見たとする。最初は目がくらんで何もよく見ることができないだろう。しかし、時間が経《た》ち、目が慣れてくるにつれて、かれは今まで見てこなかったものを見るようになる。そこで起こっていることが理解できたならば、今まで自分が見てきたものは実体ではなかったことに気づくかもしれない。そうすると、かれは今までの状況を思い、この変化を幸いと喜び、洞窟の中の囚人たちをあわれむようになる。

洞窟内にいた当時、囚人たちはお互いに、いろいろと名誉や賞賛を与え合っていたものだった。とくに、つぎつぎと通り過ぎていく影を最も鋭く観察していて、多くのパターンを記憶し、それに基づいて、つぎの影を推測できる人間には高い栄誉が与えられていた。しかし、この解放された者がそういう栄誉をほしがったり、栄誉を受けている者たちを羨《うらや》んだりするると思うかね、と問いかける。

さらに、この発見を鎖につながれている仲間のところへ戻って伝えたら、どのような反応

生まれながら洞窟に鎖でつながれている囚人たち。頭を固定されて、洞窟の底の壁を見ている。
外の世界
ロバ
オジサン
洞窟の世界
ハナモゲラが来たよ
ケンちゃんもいるね
いないいない

を受けるであろうか。まずだれもかれのことを信じず、場合によってはかれが「変なほう」を向いたために気が狂ってしまったと思われるかもしれない。

ぼくたちは日々このような現象に直面する。ビジネスマンと経済学者との関係は、つながれたままの囚人と光のほうを見た囚人との関係である。たとえば株価の分析を考えてみよう。株のチャート分析はまさにつぎに「何が外を通るか」を予測しようとしている囚人である。チャート分析が、もし本当に有効ならば人々はみなその方法を採り、その結果株価はただちに将来に関する期待を織り込んで修正されてしまう。そこまで考えればチャート分析は理論的には意味がないのであり、それをビジネスマンに説明しようとする経済学者は灯りを見た囚人のような気持ちを味わうであろう。経済学者はビジネスマンが真理に目を向けようとしない、と慨嘆し、ビジネスマンは経済学はちっとも予測や金儲《もう》けに役に立たないといって馬《ば》鹿《か》にすることであろう。

☆☆☆

ソクラテスがギリシャで弟子たちに真理への道を説いていたころ、インドでは、釈迦《しゃか》が道を説いていた。原始仏典『ダンマパダ』、それを意訳したものを紹介しておこう。

ひとは心に思うものになる
あらゆるものは、心に思うことから生じ
思いによって世界は創られる

――原始仏典『ダンマパダ』(廣常仁慧《ひろつねじんけい》訳)

仏教には、「一水四見」という成語がある。人間が水と見るものも、餓鬼は膿血《うみち》の河と見、魚は住処《すみか》と見、天上人は宝石の大地と見る。大乗仏教の唯識論で用いられる比喩《ひゆ》で、境遇や視点によって『水』の捉《とら》え方が異なり、ひいては『水』なるものの存在すら疑い得ることを教える。その話は菩薩《ぼさつ》と同一視されるマイトレーヤ=弥勒《みろく》に遡《さかのぼ》る。

両者は今見ているもの、その理解の仕方が仮のものであり、見方を変えれば、また異なるものになる、ということを示唆している。

一方で、両者の比喩の用い方には大きな違いがある。洞窟の比喩が、「外の実体」の存在を持ち出しつつ議論している点は、どこかに真実がある、という信念を感じさせる。それに対して、一水四見の比喩では、わざわざ「人間が水と見るもの」というように断っていることからもわかるように、「水」なるものが実体か否かには言及しない。

また、『ダンマパダ』からもわかるように、仏教は宇宙が心の中に宿っているとした。さらに西洋哲学では、デカルトの「われ思う。ゆえにわれあり」にしても、それを否定したヒュームの「自我とは知覚の束にほかならない」にしても、最終的にたどりつく何らかの実体が想定される。それに対し、唯識論は、二〇〇〇年以上前に心すら実体ではないとした。「色即是空」なのである。

西洋合理主義に端を発したゲーム理論もまた実体としての「ゲーム」をその基礎に置く。客観的なゲームがあって、その下でプレイヤーたちがどのように行動していくかに焦点が当たるのである。

これに対して、ぼくらが取り組んでいる帰納論的ゲーム理論は人々が経験からどのような「ゲーム」を作りあげるかに焦点を置く。作られたゲームは心の中にある小宇宙である。この点でぼくらの宇宙観は仏教とより親和性がある。

哲学は「コップ」の存在について語ったりするが、それでは味気ないので、もう少し人間の学にひきつけた例で見てみよう。「自立」という言葉がある。この自立という言葉、そして、「自立すべきだ」という規範も心の中にあるものだ。電車に乗るのに他の人の助けがないと乗れない人は、ひとりで職場に行けない人、すなわち自立できない人、と考える人もいるかもしれない。しかし、考えてみれば、ひとりで職場に行ける人はそうそういない。電車に乗っても動かしてくれる人がいなければ、職場には行けないし、自転車で通勤するからいいよ、という人も、出張で海外へ行け、と言われて、泳いでいく人はまずいないだろう。そもそもほとんどのサラリーマンは同僚や上司、部下がいなければひとりで仕事することなんてできない。ひとりで事業を起こしている人も顧客がいなければモノを売ることができない。食事も同じだ。手足が自由に動かせない人は、他の人に食べ物を口に運んでもらわなければ食べることができない。しかし、ぼくたちも農家の人が野菜を作ってくれなければ、食べることができないことに変わりはない。みんな他の人に頼って自立しているのだ。

　人はひとりでは生きられない。家族、友だち、恋人、同僚、取引相手など、多くの人間関係の中で人は生きている。たとえ、一人暮らしの引きこもりの人であっても、ロビンソン・クルーソーのように南海の孤島でひとりぼっちで暮らすのでないかぎり、何らかの形で人と関《かか》わることを避けては通れない。いや、ロビンソン・クルーソーですら、過去にいろいろな人と関わってきたからこそ、ひとりで生活できたのではないだろうか。

　お互いに人に頼り合っている社会、それを馴《な》れ合い社会として批判するのも一法だが、お互いに人を支え合っている社会と見方を変えてみると、世界観が変わる。障害のある人もない人も、親のある人もない人も、日本人も外国人もお互いに支え合って生きている。そういうふうに思える社会の構築にゲーム理論が果たしうる役割は大きい。

ゲーム理論が人と人の関係を読み解こうとする学問である限り、ひとがどのように世界を捉えるかという問題から逃げ続けることはできない。いつか東洋思想をベースにしたゲーム理論ができあがるかもしれないが、大切なのは東洋か西洋かということではない。視点の移動こそ必要なものなのだ。理論とは「ものの見方」である。かつて、詩人のハイネは、革命家のロベスピエールを当時の哲学者ルソーやカントと比較して、「マキシミリアン・ロベスピエールはジャン・ジャック・ルソーの助手にすぎなかった」と言い、「ロベスピエールのはかりの皿には国王が、カントのはかりの皿には神がのせられた」と言った（『ドイツ古典哲学の本質』）。理論は政治や革命以上に世界を変える力を持っているし、その理論を構築する能力こそが、人間と他の動物とを分つものである。ぼくたちは互いに支え合いながら、人とひとのつながりに根ざした理論であるゲーム理論を学び、創りあげていかなくてはならない。

あとがき

ぼくのところへ福島県立相馬高校のみなさんが訪ねてきてくれたのは、二〇〇九年秋のことだった。かれらはゲーム理論を用いて社会・経済問題を考える、という高校生にとってはやや難しい課題にチャレンジし、その成果を見せにきてくれたのだ。

発表は聴きごたえのあるものだった。やる気のある高校生のみなさんならば、適切な指導があればかなりのことができる。そう実感した。それに加え、相馬高校の松村茂郎先生が楽しんで指導をしている姿も素晴らしかった。発表後のコメントの時間には、かれのわくわく感が高校生のみなさんやぼくに伝染《うつ》ったかのようだった。高校生のみなさんがわくわくできるような本を作りたいと思った。

それと前後して、ちくまプリマー新書の編集者四條詠子さんから彼女が編集した本が送られてきた。その本はわかりやすさと楽しさで定評のある友人の小島寛之さんによる数学の本だった。ぼくは、久しぶりにわくわくした気持ちになって、送られてきた本を読み、原稿を書いた。原稿は四條さんと入社したてほやほやの田所健太郎さんに加え、ぼくのゼミ生の武内香奈枝さん、岡本竜さん、国井志朗さん、そして相馬高校の生徒のみなさんに目を通してもらった。とくに武内さんと国井さんには章節毎に詳細なコメントをいただいた。それらを元に、一様に「面白くない」と言われた章節を削除したりしながら、書き直した。

一冊の本が作者から読者へ届く過程には、さまざまな人々が関《かか》わることになる。出版社や印刷所の人、それを店頭に並べてくれる書店の人など、数えあげればきりがない。その中でも何人かは「作者」と呼ばれることになる。編集の四條さんのほか、わくわく感を伝えるうえで強力な一人となったのが、イラストレーターの川口澄子さんだ。科学少女だったという彼女は、吉本の芸人さんのようなノリで、ぼくの説明が読者のみなさんに伝わるようにいろいろと工夫を凝らしてくれた。

この本はそういった人々の手を経て生まれたものである（もちろんすべての責任はぼくにあるが）。題名に『高校生からのゲーム理論』とあるように、大学生にも、社会人にも、それから学校の先生にも読んでもらえるよう心がけた。とくに、学校の先生がわくわくしながら読んでくれるとうれしい。そして、そのわくわく感を生徒のみなさんに伝染《うつ》してほしい。ぼくが研究の道を志したのは、恩師の奥野正寛先生をはじめ、大学で楽しそうに新しい研究について語る先生や先輩方がいたからだ。自分がわくわくできないのに、学生にわくわく感を伝えることはむずかしい。相馬高校の先生のわくわく感がぼくに伝染ったように、ぼくのわくわく感をみなさんに伝染したい。勉強は楽しんでやるべきものだし、そのほうが絶対に伸びる。そのためには、先生が勉強の楽しさをかみしめ、それを生徒に伝染さないといけないのだ。

そういう気持ちで書いた本だが、きっとその想《おも》いが上滑りをしているところもあるに違いない。そういうところは無視して、たとえ一節でもわくわくできる箇所を見つけてくれたなら、ぼくはとてもうれしい。

わくわく感と並んでぼくが伝えたかったもの、それは相手を思うことの大切さである。ある日、家族でお茶を飲んでいるとき、ぼくが、

「幸せだねえ」

とつぶやくと、娘が、

「みれいちゃんもしあわせ」

と言う。

「みれいちゃん、しあわせってどういうことかわかるの?」

と訊《き》くと、うなずいて曰《いわ》く、

「やさしくおもうこと」

そのときのふわーっとした気持ちは伝えようもないが、相手を思うことは取引でも競争でも恋愛でも子育てでも、およそ人と人が出会う場では必要なものである。

序文の最後で、自分が当事者でありつつも、外から見る目を養うことがゲーム理論を学ぶうえでの第一原理だと述べた。しかし、人生の目的が幸せを追い求めることにあるとすれば、ゲーム理論を活《い》かすうえでの第一原理は、相手のことを思うことであると言っても過言ではない。

本書の執筆に当たって、第三章1節「きつねの手ぶくろ」は眞礼に読み聞かせをしていて思いつき、第五章1節「人間の科学を目指して」でも彼女との会話から「青りんご」の例を思いついた。彼女が一〇年後に本書を読んでくれることをちょっぴりだけ期待して、あとがきの締めくくりとしよう。

二〇一〇年冬　きつねの住む森にて

松井彰彦

◎もっと勉強したい人のために

ゲーム理論の拡《ひろ》がりをもう少し見てみたいという人は、**『ゲーム理論で解く』（中山幹夫・武藤滋夫・船木由喜彦編、有斐閣、二〇〇〇年）**を見てみるといいかもしれない。経済学への応用ということであれば、**『ミクロ経済学――戦略的アプローチ』（梶井厚志・松井彰彦編、日本評論社、二〇〇〇年）**が大学の教科書レベルの本である。ゲーム理論のそもそもの考え方ならば、**『ゲームの理論と経済行動』（フォン・ノイマン・モルゲンシュテルン、ちくま学芸文庫、二〇〇九年）**の第二章がおすすめである。怖いもの見たさで大学院レベルの本をちらっと見てみたい人には、**『ゲーム理論』（岡田章、有斐閣、一九九六年）**をおすすめしておく。

◎参考にした本

・アエラムック『気象学のみかた。』朝日新聞出版、一九九六年
・アル・ゴア著／枝廣淳子訳『不都合な真実』ランダムハウス講談社、二〇〇七年
・アダム・スミス『道徳感情論』岩波文庫、二〇〇三年
・伊藤元重・西村和雄編著『応用ミクロ経済学』東京大学出版会、一九八九年
・岡本浩一『社会心理学ショート・ショート――実験でとく心の謎』新曜社、一九八六年
・グロース『みんなが手話で話した島』築地書館、一九九一年
・陳寿『正史　三国志』ちくま学芸文庫、一九九三年
・新美南吉『手ぶくろを買いに』偕成社、一九八八年
・野村進『千年、働いてきました――老舗企業大国ニッポン』角川oneテーマ21、二〇〇六年
・ハイネ『ドイツ古典哲学の本質』岩波文庫、一九九五年
・ハーシュマン『離脱・発言・忠誠――企業・組織・国家における衰退への反応』ミネルヴァ書房、二〇〇五年
・馬場伸也『カナダ――二十一世紀の国家』中公新書、一九八九年

・浜田輝男『ＡＩＲ ＤＯ——ゼロから挑んだ航空会社』ＷＡＶＥ出版、一九九九年
・ヒューム『人性論』岩波文庫、二〇〇六年
・廣常仁慧訳『ブッダの語る覚醒への光の道——原始仏典「ダンマパダ」現代語全訳』三雅、二〇〇六年
・プラトン『国家』岩波文庫、一九七九年
・プルターク『プルターク英雄伝』岩波文庫、一九五二年
・松井彰彦『慣習と規範の経済学——ゲーム理論からのメッセージ』東洋経済新報社、二〇〇二年
・松井彰彦他編『障害と経済（仮題）』東洋経済新報社、近刊
・柳田國男『明治大正史　世相篇』講談社学術文庫、一九九三年
・山元大輔『恋愛遺伝子』光文社、二〇〇一年
・吉川英治『三国志』講談社歴史時代文庫、一九八九年
・和辻哲郎『風土』岩波文庫、一九七九年
・Asimov, Isaac *Yours, Isaac Asimov: A Life in Letters*, Main Street Books, 1996.
・Einstein, Albert, *Autobiographical Notes*, P.A.Schilpp, tr. and ed., La Salle and Chicago: Open Court, 1979.

chikuma primer shinsho

ちくまプリマー新書136
高校生《こうこうせい》からのゲーム理論《りろん》

二〇一〇年四月十日　初版第一刷発行

著者　松井彰彦（まつい・あきひこ）
装幀　クラフト・エヴィング商會
発行者　菊池明郎
発行所　株式会社筑摩書房
東京都台東区蔵前二-五-三　〒一一一-八七五五
振替〇〇一六〇-八-四一二三
印刷・製本　中央精版印刷株式会社

ISBN978-4-480-68838-5 C0241 Printed in Japan

乱丁・落丁本の場合は、左記宛に御送付下さい。
送料小社負担でお取り替えいたします。
ご注文・お問い合わせも左記へお願いします。
〒三三一-八五〇七　さいたま市北区櫛引町二-六〇四
筑摩書房サービスセンター
電話〇四八-六五一-〇〇五三